I0088699

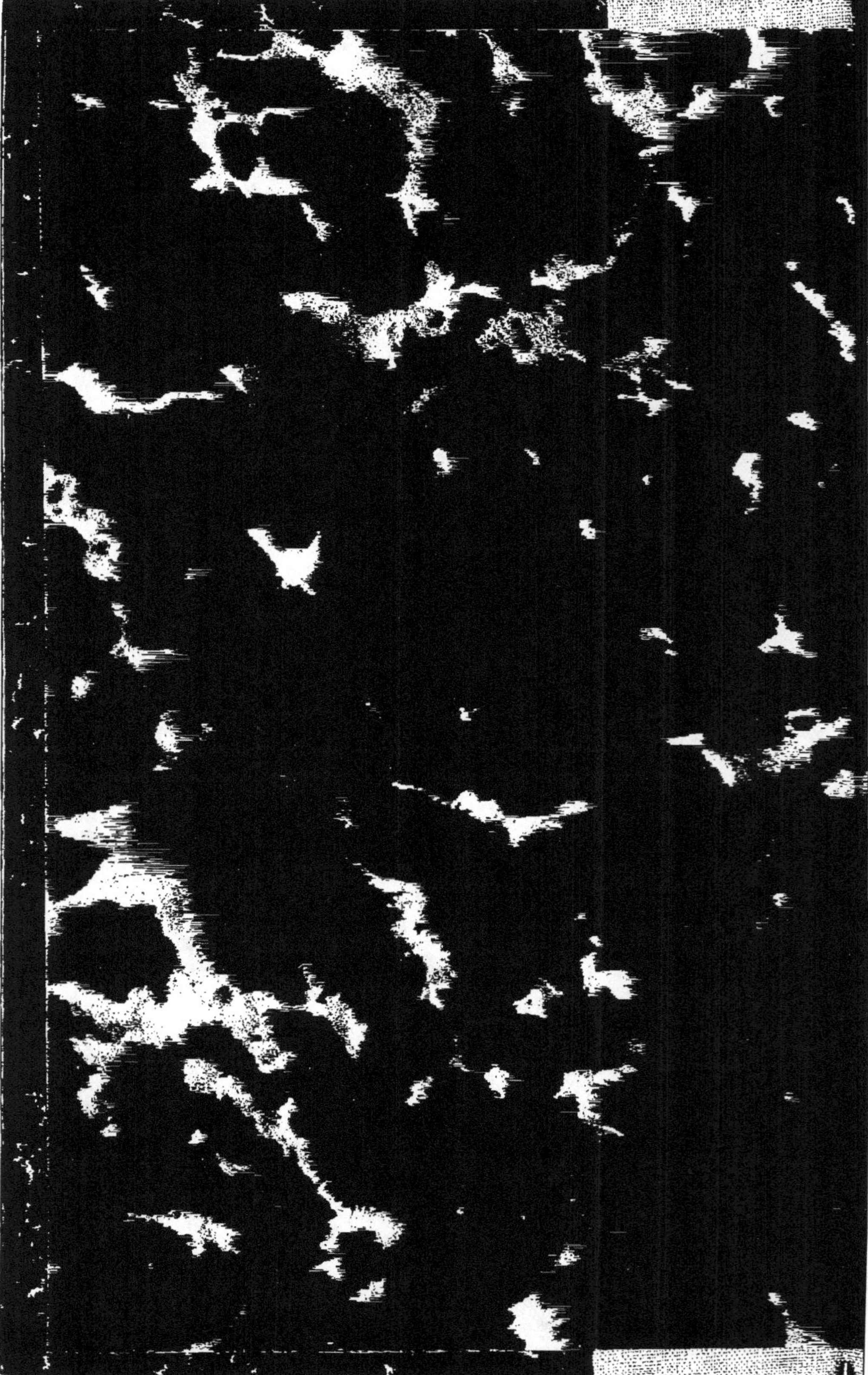

MÉMOIRES

DE

DUGUAY-TROUIN

In-8° 2e Série

MÉMOIRES

DE

DUGUAY-TROUIN

PAR

C. JURANVILLE

LIMOGES

MARC BARBOU ET Cie, IMPRIMEURS-LIBRAIRES

Rue Puy-Vieille-Monnaie

—

1882

MÉMOIRES

DE

DUGUAY-TROUIN

Duguay-Troin, l'un des plus grands hommes de guerre que la France s'honore d'avoir produits, le digne émule de Jean Bart et qui mérita, comme lui, l'admiration de la postérité, a écrit des *Mémoires* qui relatent tous les hauts faits auxquels il a été mêlé. Nulle vie ne peut être plus intéressante que celle qui a été écrite par le célèbre marin lui-même. Aussi ne pouvons-nous mieux faire que de suivre pas à pas ses mémoires empreints d'une si noble franchise et d'une si charmante simplicité.

Nous aurons soin seulement de les abréger en certaines parties et de les compléter dans d'autres.

Nous ajouterons des notes historiques, géographiques, et, chaque fois que l'occasion se présentera, nous tirerons des faits des réflexions morales et pratiques qui seront utiles à nos jeunes lecteurs.

CHAPITRE I

Enfance de Duguay-Trouin. — Le collège de Rennes. — Danger des mauvaises compagnies. — Sa première campagne — Son premier commandement. — Brillants faits d'armes. — Désertion d'un maître canonnier. — Il est blessé et est emmené à Plymouth. — Son évasion.

Les évènements de ma vie sont accompagnés de circonstances si extraordinaires et si propres à donner de l'émulation à ceux dont les inclinations sont nobles que j'ai vaincu ma répugnance pour un travail de ce genre, afin de laisser à mes amis et dans ma famille une puissante exhortation à bien servir l'État.

Du reste on ne trouvera dans ces mémoires que des entreprises militaires, que des combats et des abordages. Doit-on attendre autre chose d'un homme qui n'a percé les ténèbres et ne s'est fait une assez haute réputation que par une suite de dangers et d'actions entassées les unes sur les autres? Mon style fera connaître qu'ils sont écrits de la main d'un soldat incapable de farder la vérité et peu instruit des règles de l'éloquence; j'espère aussi que l'on me passera quelques termes indispensables de l'art dans les endroits où j'ai été forcé de les employer,

Je suis né à Saint-Malo (1), le 16 juin 1673, d'une famille accoutumée au commerce maritime. Mon père y commandait des vaisseaux armés tantôt en guerre et tantôt pour le commerce, suivant les différentes conjonctures destemps; il s'était acquis la réputation d'un très brave homme et très entendu au fait de la marine. Il me fit étudier au collège de Rennes et ensuite tonsurer, dans le dessein de

---

(1) Chef-lieu d'arrondissement d'Ille-et-Vilaine. Petite ville située sur un rocher, ayant un port sûr, assez grand, mais de difficile accès. Elle fut bombardée par les Anglais en 1695, 1698 et 1758. C'est la patrie du navigateur Jacques Cartier, qui découvrit le Canada en 1534; de Labourdonnais, gouverneur de l'île de France; de Broussais, le médecin; du fameux corsaire Surcouf; des grands écrivains Lamennais et Chateaubriand.

m'envoyer en Espagne auprès de l'évêque de Malaga, très puissant à la cour d'Espagne : c'était un prélat de rare mérite, qui aimait et protégeait ma famille, laquelle, depuis plus de deux cents ans, possédait, de père en fils, le consulat de Malaga. La pensée de mes parents était de m'obtenir par son crédit quelque bon bénéfice, mais la Providence en ordonna autrement. Mon père mourut, comme je faisais ma rhétorique à Rennes, et ma mère m'envoya à Caen faire ma philosophie et mes exercices. Ce fut là que je commençai à négliger entièrement l'étude et à faire mon unique occupation du jeu, des salles d'armes, de la danse et de la paume.

On voit ici percer un regret. Duguay-Trouin semble dire : Je n'avais de goût que pour l'accessoire, mettant de côté la chose principale : l'étude. En effet, il est toujours facile d'acquérir certains talents, mais il n'en est pas de même de l'instruction proprement dite lorsqu'elle n'est pas donnée en temps convenable. Plus tard, les nécessités de la vie, d'autres soucis, d'autres occupations réclament tous nos instants, et l'on regrette les heures perdues et l'on se dit avec amertume : Si j'avais su !

J'étais né avec d'heureuses dispositions pour tous les exercices, et, fier de mon adresse, je ne pouvais croire qu'une épée fût capable de me faire plus d'impression qu'un fleuret : cette présomption me fit un jour proposer à un de mes cousins, jeune homme aussi fort adroit, de nous pousser et de parer à la muraille avec nos épées pour voir si nous en aurions peur ; il y consentit et les ayant tirées sur le champ, nous nous poussâmes d'abord quelques bottes assez doucement, ensuite nous animant peu à peu, nous nous emportâmes avec une animosité digne des petites maisons : déjà la manche de mon habit était percée, déjà le sien l'était aussi, et bientôt la scène allait être ensanglantée, quand notre hôtesse, effrayée du bruit des épées, accourut dans la chambre où nous nous escrimions, et nous obligea de cesser en se saisissant de nos épées.

Ce ne fut pas ma seule extravagance de cette espèce ; m'étant mis dans la tête d'éprouver si je me tirerais bientôt d'un combat effectif, je fis à cet effet diverses querelles d'allemand (1), enfin ma folie alla au point qu'un beau soir, au clair de la lune, j'insultai un académiste (1) bien plus âgé que

---

(1) Querelle faite légèrement, sans sujet.

(1) On appelait alors Académistes les jeunes gens qui se

moi, lui donnant un grand coup de coude en passant et à vingt pas d'un café d'où il sortait, sur quoi nous mîmes tous deux l'épée à la main et nous poussant vivement, nous en vînmes bientôt aux prises. Heureusesement pour moi le pied lui glissa comme nous saisissions nos épées, de manière que tombant il m'attira sur lui : le bruit que nous fîmes fit sortir du café beaucoup de gens qui nous séparèrent assez à temps pour nous empêcher de nous percer, et nous en fûmes quittes pour avoir les mains un peu coupées.

Un gentilhomme du pays, qui se trouva des premiers à nous séparer, eut pitié de ma grande jeunesse, et fut assez généreux pour me mettre à couvert des menaces de cet académiste que j'avais attaqué, lequel ayant trouvé deux de ses camarades venait pour m'assommer, mais mon protecteur m'emmena malgré eux souper et coucher à son auberge. Ce gentilhomme était cependant un honnête filou, que je ne connaissais pas et même qui n'était pas bien connu pour tel; je l'appelle

---

réunissaient dans des lieux appelés Académies pour y apprendre l'escrime.

honnête en ce qu'il perdait son argent noblement, mais aussi dès qu'il en manquait, il mettait son adresse en pratique. Au demeurant, il était brave et joignait à une belle figure beaucoup d'esprit et des manières fort engageantes. Il voulait que je fusse de tous ses plaisirs. Belle école pour un jeune homme de mon âge! Il m'apprit même quelques tours de cartes et de dés, dont, grâce à Dieu, je n'ai jamais fait aucun mauvais usage. Ce dangereux ami dont je tais le nom par considération pour sa famille, perdit son argent peu de jours après notre connaissance, et comme je reçus alors un quartier pour ma pension et mes exercices, je le lui prêtai volontiers. Il le perdit aussitôt, mais un peu plus tard, ayant regagné et bien au-delà ce qu'il avait perdu, il me rendit exactement ce qu'il me devait.

Ce bienfaiteur inconnu eut alors une mauvaise influence sur Duguay-Trouin, il lui donna de mauvais conseils et l'entraîna dans des fautes regrettables. Il est vrai de dire que nous devenons semblables à ceux que nous fréquentons; aussi ne saurions-nous trop veiller sur nos relations et le choix de nos amis. Malheur au jeune homme qui fait ses premiers pas dans le monde au bras d'un camarade vicieux, il est en grand danger de le devenir lui-même. Comme l'a dit Alfred de Musset :

Le cœur d'un homme vierge est un vase profond,
Lorsque la première eau qu'on y verse est impure,
La mer y passerait sans laver la souillure,
Car l'abîme est immense et la tache est au fond.

Je ne m'étais jamais vu une si grosse somme, et la croyant suffisante pour me mettre en état d'aller voir Paris dont on m'avait dit des merveilles, je me mis en chemin sans autre réflexion. Etant arrivé dans cette ville, j'allai descendre dans un cabaret vers le carrefour de Richelieu pour y manger un morceau. A peine étais-je assis que je vis entrer un laquais qui demanda deux bouteilles de vin de Bourgogne pour M. *Trouin* de *la Barbinais;* c'était le nom de mon frère aîné, que la déclaration de la guerre avait obligé de quitter la ville de Malaga où il avait été consul de France et qui, par un effet du hasard, se trouva logé vis-à-vis du cabaret où j'étais. Ce nom n'eut pas sitôt frappé mes oreilles que je questionnai ce laquais et je connus, par ses réponses, que c'était véritablement de mon frère que je me trouvais si près. Je commençai à réfléchir sur le voyage que j'avais témérairement entrepris sans permission ni sans en donner avis, j'en eus regret, et la crainte me saisit au point que, sans achever mon repas, je sortis à l'instant du cabaret et de Paris même avec d'autant plus d'impatience que je m'imaginais voir à tout moment mon frère à mes trousses.

Si avant de faire une mauvaise action on réfléchissait qu'elle amènera infailliblement le remords, ce ver rongeur qui ne vous laisse aucun repos et vous enlève tout bonheur, oh! non, jamais on ne voudrait la commettre.

Je revins diligemment à Caen, et treize jours après, le même hasard qui me l'avait fait trouver à Paris, voulut qu'il passât par Caen pour s'en retourner à Saint-Malo. Il ne manqua pas, en arrivant, de s'informer de ma conduite et vint me chercher à un Jeu de Paume où j'étais à jouer : il fut bien aise de m'examiner un peu de dessous la galerie : il connut aisément, à mes façons, que je me lançais dans une mauvaise voie, il jugea à propos d'en informer ma mère, qui ne balança pas à me faire revenir peu de temps après à Saint-Malo.

Duguay-Trouin avait eu le malheur de perdre son père à l'âge de quinze ans; seule sa mère restait, et c'est pour une mère une tâche bien lourde que celle d'élever ses enfants sans l'aide puissante de l'autorité paternelle.

Pauvres mères! lorsque vos fils sont loin de vous, votre pensée ne les quitte pas, et souvent, c'est au prix des plus grands sacrifices que vous subvenez à leurs besoins, et que vous leur faites donner une éducation soignée; mais par fois il arrive que les ingrats ne savent pas reconnaître votre dévouement; ils torturent, hélas! le cœur qui ne veut que les aimer et ne craignent pas assez la main qui ne sait que les bénir!

S'il est vrai, comme l'histoire le démontre, que tout grand homme est le fils d'une grande mère, que l'influence maternelle qui domine naturellement et légitimement l'éducation première, l'éducation du foyer, est prépondérante et décisive pour l'avenir de l'enfant, il est du devoir, il est de l'honneur de toute mère de ne jamais profaner cette influence inspiratrice et tutélaire, de la faire servir tout entière, et chaque jour, sans négligence ou défaillance, au plus grand développement possible des facultés intellectuelles et morales de celui dont elle doit faire un grand homme quelquefois, un honnête homme toujours.

Je regarde comme incontestable, dit un écrivain, que si l'on connaissait tous les hommes éminents par l'honnêteté et la vertu, on en trouverait toujours neuf sur dix qui en sont redevables à leur mère. On ne réfléchit pas assez généralement sur cette vérité : qu'une jeunesse innocente et sans tache est la plus grande importance pour la vie de l'homme; que presque tous ceux qui ont eu cet avantage en ont été redevables à leur mère; que la perfection et le bonheur de l'humanité ont pour principales bases le bon sens et la vertu des femmes.

J'y arrivai dans un moment favorable; on armait des vaisseaux en course, et bientôt on me fit embarquer sur la frégate *la Trinité*, de 18 canons, armée par ma famille (1). Je fis dessus, en qualité de volontaire, une campagne si rude et si orageuse, que je fus toujours incommodé du mal de mer. Cependant nous prîmes un vaisseau anglais chargé de sucre et d'indigo, avec lequel nous fîmes route pour retourner à Saint-Malo; nous fûmes surpris en chemin par un coup de vent du Nord très violent, qui nous jeta sur les côtes de Bretagne au milieu d'une nuit fort obscure: notre prise échoua, par un heureux hasard, sur des vases, après avoir passé sur un grand nombre d'écueils, au milieu desquels nous fûmes obligés de mouiller nos ancres, afin de reculer de quelques moments une mort qui paraissait inévitable; nous amenâmes en même

(1) La frégate est un bâtiment de guerre ayant une seule batterie couverte et moins de soixante bouches à feu. On appelle flûte un grand bâtiment qui acconpagne comme navire de transport une armée navale expéditionnaire.

temps nos vergues, nos mâts de hune et de misaine (2) et mîmes notre chaloupe à la mer ; mais l'orage devint tellement impétueux que, malgré tous nos efforts, il nous jeta contre des rochers : notre chaloupe fut engloutie dans leurs brisants et dans l'instant même que notre vaisseau était sur le point d'avoir la même destinée et que tout l'équipage gémissait dans l'attente d'une mort très certaine, le vent sauta tout d'un coup du Nord au Sud et faisant tourner le vaisseau, le poussa aussi loin des écueils que la longueur de ses câbles le pouvait permettre. Ce changement inespéré apaisa en même temps l'orage et l'agitation des vagues, et le lendemain nous n'eûmes pas beaucoup de peine à relever de dessus les vases notre prise que nous conduisîmes à Saint-Malo. Notre frégate y fut carénée (3) de frais et ayant remis en mer, nous rencontrâmes un corsaire flessinguois (4) de même

(2) Le mât est une longue pièce de bois qui sert à supporter la voilure d'un navire. Il y a le mât de hune, de perroquet, de misaine, d'artimon, de beaupré, etc., etc.

(3) Caréner, c'est mettre en bon état la carène d un navire, c'est-à-dire la partie inférieure, le fond.

(4) Flessingue, ville de Hollande, a un port excellent ; c'est la patrie de Ruyter.

force que nous : nous lui livrâmes combat, et, l'ayant abordé, je me présentai des premiers pour m'élancer à son bord ; mais ayant vu notre maître d'équipage près duquel j'étais, tomber entre les deux vaisseaux qui en se joignant écrasèrent sa cervelle et tous ses membres, j'avoue que cet objet effrayant m'arrêta, d'autant plus que n'ayant pas comme lui le pied marin je crus qu'il me serait impossible d'éviter ce genre hideux de mort. Cependant le corsaire ennemi, après avoir soutenu trois abordages consécutifs, fut enlevé l'épée à la main, et l'on trouva que, pour un novice, j'avais témoigné assez de fermeté.

Cette campagne, dans laquelle le hasard m'avait fait éprouver toutes le horreurs d'un naufrage et celles d'un abordage opiniâtre et sanglant ne me rebuta pas et je me rembarquai sur une autre frégate de vingt-huit canons, nommée *le Grenedan*, dans laquelle j'eus le bonheur de me distinguer.

Lorsqu'on a une véritable vocation, nul obstacle ne peut nous en détourner, il semblerait, au contraire, que les difficultés qui se présentent deviennent un stimulant. Le choix d'une carrière est chose importante dans la vie, et cette ac-

tion réclame de notre part une grande prudence et beaucoup de réflexion.

Arrivé à l'âge où il doit prendre une position, l'enfant raisonnable demande conseil à ses parents, se rend compte de ses goûts, de ses aptitudes, et quand, après avoir pesé les raisons qui le déterminent dans son choix, il prend un parti, il faut qu'il y persévère. Un jeune homme qui change plusieurs fois d'état, qui ne se trouve bien nulle part, qui se plaint des difficultés qu'il rencontre (et où n'y en a-t-il pas?) donne une triste idée de son caractère et aura bien de la peine à se caser convenablement.

Nous rencontrâmes une flotte de quinze vaisseaux marchands anglais. La plupart des officiers les croyaient vaisseaux de guerre, de manière que le capitaine balançait à prendre son parti, mais je fus lui présenter avec force qu'il y allait de son honneur de ne pas perdre une si belle occasion, et que certainement ils étaient vaisseaux marchands très riches ; sur des observations que je lui fis faire avec des lunettes d'approche, il déféra à mes prières et nous attaquâmes hardiment cette flotte. Le vaisseau commandant fut abordé et enlevé ; je sautai le premier à son bord : j'essuyai un coup de pistolet du capitaine et l'ayant blessé d'un coup de sabre, je m'en rendis maître ainsi que de son vaisseau.

Sitôt qu'il fut rendu, notre capitaine me cria de repasser dans le nôtre avec une partie des vaillants hommes qui m'avaient secondé. J'obéis, et un instant après nous abordâmes un second vaisseau de 24 canons : je m'avançai jusque sur notre bossoir (1) pour m'élancer le premier dedans, mais la secousse de l'abordage et celle de notre beaupré qui brisa le haut de la poupe de l'ennemi fut si grande, qu'elle me fit tomber à la mer avec un autre volontaire qui était placé près de moi: comme il ne savait pas nager, il était noyé sans ressource s'il n'avait pas trouvé sous sa main quelque débris de poupe de l'ennemi, il s'y accrocha et fut sauvé par le canot du premier vaisseau pris qui nous suivait; lequel s'arrêta pour l'envoyer prendre. Pour moi qui tenais une manœuvre à la main, je ne la quittai point et fus raccroché par quelques matelots de notre équipage qui me tirèrent par les pieds à bord de notre vaisseau. Tout étourdi que j'étais de cette chute et mouillé par dessus la tête, je ne laissai pas de sauter à bord de l'ennemi et de contribuer à l'enlever. Cette seconde action fut suivie de la

(1) Poutre qui supporte l'ancre.

prise d'un troisième vaisseau à laquelle j'eus encore assez de part, et notre petite victoire eût été plus complète si la nuit nous avait permis de la suivre.

Cette aventure me fit tant d'honneur par le témoignage de notre capitaine et de tout l'équipage de notre vaisseau, que, malgré ma jeunesse, ma famille me jugea digne d'un petit commandement.

En 1691, on me confia une flûte de 14 canons, avec laquelle m'étant mis en croisière je fus jeté par la tempête dans la rivière de Limerick : j'y fis descente et m'emparai du château de mylord *Clare* et, malgré un détachement de la garnison de Limerick, je brûlai deux vaisseaux échoués à terre; mais comme la flûte que je montais n'allait pas bien et que j'avais manqué de fort bonnes prises à cause de ce défaut, on me donna, quand je fus de retour, une meilleure frégate de 8 canons, qui se nommait le *Coëtquen*.

Je mis en mer en la compagnie d'un vaisseau de pareille force et avec lequel j'attaquai, le long de la côte d'Angleterre, une petite flotte de 20 voiles escortée par deux frégates de guerre anglaises de 16 canons; je les combattis seul et me rendis maître de l'une et de l'autre dans une heure et demie de combat assez vif. Mon camarade s'attacha pendant ce temps-là à amariner des vaisseaux marchands, il en prit douze, que nous escortâmes à la côte de Bretagne. Nous y trouvâmes une escadre de cinq vaisseaux de guerre anglais qui nous en reprit deux et me firent essuyer bien des coups de canons pour sauver le reste de nos prises. Je me réfugiai ensuite dans une rade située à neuf lieues de Saint-Malo et tout environnée d'écueils inconnus à ces vaisseaux anglais. Ceux qui se trouvèrent les plus près de moi et les plus opiniâtres à me poursuivre furent dans un danger évident de se briser dessus et se virent contraints de m'abandonner. Peu de jours après, je sortis de cette rade sans aucun pilote, les miens avaient été tués ou blessés, et ceux de mes officiers qui auraient pu me servir dans le besoin étaient aussi restés à terre pour panser leurs blessures ; cela me mit dans la nécessité de régler moi-même la route de mon vaisseau tout le reste de la campagne, non sans un grand travail d'esprit et de corps. Je fus jeté par la tempête dans le fond de la Manche de Bristol et si près que je fus forcé de mouiller l'ancre sous une île située à l'entrée de la rivière de Bristol. Ce péril fut suivi d'un autre : dès que l'orage eut cessé, un vaisseau de guerre anglais de 56 canons faisait route pour mouiller où j'étais. Le danger était pressant; pour l'éviter, je coupai mes câbles et mis à la voile par un côté de l'île, tandis qu'il entrait par l'autre : ce vaisseau me chassa jusqu'à la nuit sans laquelle j'aurais été pris. Echappé de ce péril, je me remis en croisière et fis deux prises anglaises venant des Barbades' avec lesquelles j'allai désarmer à Saint-Malo.

Dans l'intervalle de ces campagnes, je me dédommageais des fatigues de la mer par tous les plaisirs que l'on peut goûter à terre. Le jeu et les exercices m'y occupaient tour à tour.

Mon frère obtint dans cet intervalle la flûte du roi, *le Profond*, de trente-deux canons, et je me rendis à Brest pour en prendre le commandement. Cette campagne fut des plus malheureuses; je croisai trois mois sans pouvoir faire aucune prise, et j'essuyai un assez fâcheux combat de nuit, avec un vaisseau de guerre suédois de quarante canons; lequel, me prenant pour un Algérien, me combattit le premier et s'y opiniâtra jusqu'au jour.

Pour comble de malheur, la fièvre chaude fit périr

quatre-vingts hommes de mon équipage et m'obligea de relâcher à Lisbonne pour le rétablir et réparer mon vaisseau. Dans cette relâche, il m'arriva une aventure désagréable : mon maître-cannonier ayant déserté, je le trouvai peu de jours après dans une place qui donne sur la marine. Je voulus le saisir, il fit un saut en arrière; il eut l'audace de mettre l'épée et la dague à la main; je fonçai dessus et le blessai d'abord en deux endroits; il fit volte-face pour s'enfuir; mais je l'eusse bientôt atteint si une troupe de Portugais, mettant aussi l'épée à la main, ne m'eût fermé le passage. Je m'avançai dessus à bras raccourci et m'ouvris le chemin; je rejoignis ce coquin; j'avais déjà levé le bras pour le sabrer, quand je heurtai du bout du pied contre une pierre qui, de la vitesse dont j'allais, me fit donner du nez en terre avec tant de violence que j'en eus le visage et les mains tout en sang. Je me relevai, et, continuant de le suivre, je vis qu'il se sauvait dans une église : c'est un asile sûr en ce pays-là, et les moines, suivant leur louable coutume, firent évader cet insolent.

Mon vaisseau étant caréné et mon équipage rétabli, je sortis de la rivière de Lisbonne, et pris un vaisseau espagnol chargé de sucre ; ce fut le seul que je pus joindre, de plusieurs autres que je rencontrai, parce que celui que je montais allait fort mal ; ainsi, je revins désarmer à Brest, et de là je me rendis à Saint-Malo.

Les influences de cette fâcheuse campagne m'y suivirent encore : j'avais embarqué un jeune homme qui avait été prévôt de salle, du *Coq*, maître d'armes à Paris, pour qu'il donnât des leçons aux officiers et volontaires de mon vaisseau, et pour m'entretenir moi-même dans cet exercice que j'aimais beaucoup. Ce prévôt, ayant fait le mutin pendant la campagne, je le fis châtier et mettre deux fois aux fers ; il se vanta (à ce que j'appris dans la suite) qu'il se vengerait de cet affront quand nous serions à terre. En effet, il eut l'impudence de publier, à Saint-Malo, qu'il avait voulu me faire mettre l'épée à la main et que je n'avais jamais osé ; ce fut un lieutenant d'infanterie de la garnison qui vint me le dire imprudemment ; je lui demandai s'il savait la demeure de cet imposteur, et, m'ayant répondu que oui, je sortis à l'instant pour l'aller relancer jusque chez lui ; je n'eus pas cette peine là, je le rencontrai avec deux autres breteurs au milieu de la grande rue; je m'avançai pour le charger avec ma canne, il pénétra mon dessein, fit un saut en arrière et mit l'épée à la main. Je courus sur lui et le serrai entre le mur et une charrette qui se trouva là; j'étais si ému de colère que je rompis mon épée à un demi-pied de la pointe sans m'en apercevoir, et je le bourrai de plusieurs coups qui ne le percèrent point. Dans cette situation, un de ses camarades me donna un coup d'épée par derrière que je ne vis ni ne sentis; cependant, il arriva nombre de gens qui nous séparèrent et m'entraînèrent chez moi. En y entrant, ma mère s'aperçut la première du sang qui avait taché le derrière de mon habit; je sentis en ce moment ma blessure, qui ne se trouva pas dangereuse.

Peu de temps après, en 1693, j'obtins la commission de la frégate du roi, l'*Hercule*, de vingt-huit canons, que je fis armer à Brest, et m'étant mis en croisière à l'entrée de la Manche, je fis cinq à six prises sur les Anglais et les Hollandais, entre autres deux vaisseaux venant de la Jamaïque, considérables par leur force et leurs richesses. Les circonstances de cette action sont trop singulières pour ne pas les détailler.

J'avais croisé plus de deux mois et n'avais plus que pour quinze jours de provisions et de vivres; j'étais d'ailleurs embarrassé de prisonniers et de soixante malades; mes officiers et tout mon équipage voyant que je ne parlais point de relâcher, me représentèrent qu'il était temps d'y penser et que l'ordonnance du roi était positive là-dessus. Je ne l'ignorais pas; mais j'étais saisi d'un pressentiment secret de quelque heureuse aventure qui me faisait reculer de jour en jour. Quand je me vis pressé, j'assemblai tous mes gens, et les ayant bien harangués, je les engageai, moitié par la douceur, moitié par autorité, à consentir qu'on diminuât un peu de leur ration, les assurant que si nous faisions capture, je les récompenserais amplement. Je ne disconviendrai pas que ce parti ne fût un peu extravagant, et je ne comprends pas moi-même ce qui me portait à leur parler de la sorte et si affirmativement; mais j'étais en cela poussé par une voix inconnue à laquelle il m'était impossible de résister. Quoi qu'il en soit, le hasard voulut qu'au bout de ces huit jours, je vis en songe deux gros vaisseaux venant à toute voile sur nous; cette vision mit tous mes sens en agitation et me réveilla en sursaut :

l'aube du jour commençait à paraître, je me levai, et sortant en même temps sur le gaillard, je portai ma vue autour de l'horizon : le premier objet qui la frappa fut deux vaisseaux réels dans la même situation et avec les mêmes voiles que j'avais cru les voir en dormant. Ils me parurent d'abord vaisseaux de guerre, parce qu'ils venaient nous reconnaître à toutes voiles, et qu'ils étaient d'une apparence à me le faire croire. Dans cette idée, je jugeai à propos de prendre chasse pour m'éprouver un peu avec eux avant de m'exposer ; mais ayant reconnu que j'allais beaucoup mieux que ces deux vaisseaux, je revirai de bord aussitôt, et leur ayant livré combat, je m'en rendis maître après trois heures de résistance fort vive. Ces vaisseaux se trouvèrent chargés de sucre, d'indigo et de beaucoup d'or et d'argent. Le pillage qui fut très grand et sur lequel je voulus bien me relâcher à cause de la parole que j'en avais donnée, n'empêcha pas mes armateurs d'y gagner encore considérablement. Je menai ces deux prises à Nantes, où je fis caréner mon vaisseau, et m'en étant retourné en croisière, je fis encore trois autres prises avant d'aller à Brest.

Comme je dois la prise de ces deux vaisseaux

dont je viens de parler à ce pressentiment secret qui me fit demander huit jours de croisière à mon équipage, je ne puis m'empêcher de dire ici que j'en ai eu plusieurs autres qui ne m'ont pas trompé. Je laisse aux philosophes à expliquer ce que peut être cette voix intérieure qui m'a souvent annoncé les biens et les maux. Qu'ils l'attribuent, s'ils veulent, à quelque génie qui nous accompagne, à une imagination vive et surexcitée, ou à notre âme elle-même qui, dans des moments heureux, perce les ténèbres de l'avenir pour y découvrir certains mouvements; je ne les chicanerai point sur leurs explications, mais je ne sens rien de plus marqué dans moi-même que cette voix basse, mais distincte et pour ainsi dire opiniâtre, qui m'a annoncé et fait annoncer plusieurs fois à d'autres jusqu'au jour et aux circonstances des événements.

Sitôt que je fus de retour à Brest, je quittai le commandement de l'*Hercule* pour prendre celui de *la Diligente*, frégate du roi de quarante canons. J'allai d'abord croiser à l'entrée du détroit où je fis trois prises, et je relâchai à Lisbonne pour y faire caréner mon vaisseau.

Bientôt j'eus connaissance que quatre riches vaisseaux flessinguais venant de Curaçao, chargés de cacao et de quelques piastres, (1) tous quatre de vingt à trente canons, je les joignis, leur livrai combat et me rendis maître du plus fort. La bonne manœuvre et la résistance qu'il fit sauva ses trois camarades, qui s'échappèrent à la faveur d'un brouillard et de la nuit qui survinrent.

Je remis sans perte de temps à la voile, et, courant vers les côtes d'Angleterre, je découvris une flotte de trente voiles escortée par un vaisseau de guerre anglais *le Prince d'Orange*. J'arrivai sur lui dans le dessein de le combattre et même de l'aborder; mais ayant parlé, chemin faisant, à un vaisseau de la flotte et su de lui qu'elle n'était toute chargée que de charbon de terre, je ne crus pas devoir hasarder un combat douteux pour un si vil objet. Prêt à lui parler, je remis mes amures de l'autre bord sous pavillon anglais pour aller chercher meilleure aventure. Le capitaine de ce vaisseau qui m'avait d'abord cru de sa nation, voyant que par ma manœuvre il s'était trompé, il se mit en

(1) Monnaie d'argent en usage dans certains pays, et dont la valeur varie.

devoir de me donner la chasse : je fus bien aise alors de lui faire connaître que ce n'était pas la crainte qui m'avait fait éviter le combat, et je fis carguer mes basses voiles pour l'attendre ; cette manœuvre lui fit aussi carguer les siennes. Je crus que c'en était assez et fis remettre le vent dans les miennes ; mais s'étant mis une seconde fois en devoir de me suivre, je remis en panne et faisant amener le pavillon anglais, que j'avais jusque-là conservé à la poupe, je le fis rehisser en berne pour me moquer de lui. (1) Irrité de cette bravade, il me tira trois coups de canon à balle, auxquels je répondis par trois autres, sans daigner arborer mon pavillon blanc : cependant voyant que cette fanfaronnade n'aboutissait à rien, je le laissai avec sa flotte ; mais la suite fera voir dans quel embarras cette mauvaise plaisanterie pensa me jeter.

Quinze jours après, je tombai, par un temps embrumé, dans une escadre de six vaisseaux de guerre anglais, et me trouvant par malheur entre la côte d'Angleterre et eux, je fus forcé d'en venir au

---

(1) Pavilion en berne, c'est-à-dire hissé et plié en faisceau pour appeler du secours ou en signe de deuil.

combat. Le vaisseau l'*Aventure* me joignit le premier, et nous combattîmes, toutes nos voiles dehors, pendant près de quatre heures avant qu'aucun autre de ses consorts pût me joindre; je commençais même à espérer que la bonté de mon vaisseau pourrait me tirer d'affaire; cet espoir dura peu, le vaisseau ennemi me coupa mes deux mâts de hune dans une de ses dernières bordées. Ce cruel accident m'arrêta et fit qu'il m'atteignit en un instant à portée de pistolet; il cargua ses basses voiles et vint me ranger de si près que je pris tout d'un coup la résolution de l'aborder et de sauter moi-même à son bord avec tout mon équipage. J'ordonnai sans tarder aux officiers qui se trouvèrent sous ma main d'aller aussitôt faire monter tous mes gens sur le pont; je fis en même temps préparer tous nos grappins et pousser la barre à bord. Comme j'étais prêt à l'aborder, le malheur voulut qu'un de mes lieutenants, qui commandait les canons de dessous le gaillard et qui n'était pas encore instruit de mon dessein, vît par un de ses sabords le vaisseau ennemi fort près du mien, et ne pouvant croire que je voulusse l'aborder, il pensa que le timonier s'était mépris; et, dans cette prévention, il fit changer la barre du gouvernail. J'ignorais ce fatal changement et attendais avec impatience la jonction des deux vaisseaux; mais voyant que le mien n'obéissait pas comme il aurait dû faire à son gouvernail, je courus à l'habitacle où je trouvai la barre changée contre mon ordre; je la fis remettre et je vis avec le désespoir dans le cœur que le capitaine du vaisseau l'*Aventure*, s'étant aperçu de mon dessein, avait fait rappareiller ses deux basses voiles et poussé son gouvernail pour m'éviter; nous étions si près l'un de l'autre que mon beaupré brisa le couronnement de sa poupe. Cependant je perdis, par cette méprise, l'occasion de tenter une des plus surprenantes aventures dont on ait jamais ouï parler, car dans la résolution où j'étais de périr ou d'enlever ce vaisseau qui allait mieux qu'aucun autre de l'escadre, il est indubitable que j'aurais réussi et amené en France un vaisseau plus fort que celui que je commandais, lequel d'ailleurs étant démâté, ne se pouvait jamais sauver.

Après cet abordage manqué, le vaisseau *le Monk* vint me combattre à portée de pistolet, tandis que d'autres vaisseaux me canonnaient de leur avant.

Le commandant seul de l'escadre ne daigna pas m'honorer d'un coup de canon. Pour l'y obliger, je mis en travers et lui en tirai plusieurs sans qu'il daignât me répondre d'un seul coup. Dans cette extrémité, je fus abandonné de tous mes gens, qui se jetèrent à fond de cale (1) malgré mes efforts : j'étais occupé à les arrêter et en avais même blessé deux avec l'épée et le pistolet, quand, pour comble de malheur, le feu prit à ma sainte-barbe. La crainte de sauter en l'air m'y fit descendre, et ayant bientôt fait éteindre le feu, je me fis apporter des barils pleins de grenades sur les écoutilles (2), j'en jetai un si grand nombre dans le fond de cale que je contraignis plusieurs des fuyards à remonter sur le pont. Je rétablis ainsi quelques postes et fis tirer quelques volées de canon de la première batterie avant de remonter sur mon gaillard ; je fus fort étonné et encore plus touché d'y trouver le pavillon bas. J'ordonnai à l'instant de le remettre, mais tous les officiers du vaisseau

---

(1) Partie la plus basse dans l'intérieur d'un vaisseau

(2) Trappe pratiquée dans le pont d'un navire pour descendre dans l'intérieur.

vinrent me représenter que ce serait livrer inutilement le reste de mon équipage à la boucherie des Anglais, qui ne nous feraient aucun quartier si après avoir vu le pavillon bas assez longtemps, ils voyaient qu'on le remît et que l'on voulût s'opiniâtrer à combattre sans aucun espoir, étant démâté de tous mâts. Je ne pus me dispenser de sentir cette vérité, et comme j'étais encore incertain et désespéré, je fus jeté par terre par un boulet qui me blessa à la hanche et me fit perdre connaissance un gros quart d'heure. On me transporta dans ma chambre, et cet accident termina mon irrésolution.

Le capitaine du vaisseau *le Monk* envoya le premier son canot pour me chercher; je fus porté à son bord avec une partie de mes officiers, et sa générosité fut telle qu'il voulut absolument me céder sa chambre et son lit, donnant ordre de me faire panser et traiter aussi soigneusement que si j'avais été son fils.

Lorsque Duguay-Touin eut repris connaissance, il remercia son vainqueur, le capitaine Robertson, des soins dont il était l'objet, et lui dit en souriant : « Sans votre maudit boulet qui m'a coupé la respiration en m'effleurant la poitrine, vous ne m'auriez pas eu vivant. »

— Je le regretterais vivement, monsieur, répondit l'Anglais, car cela m'aurait privé de vous donner des preuves de l'estime que m'a inspirée votre bravoure.

Toute l'escadre me conduisit à Plymouth (1), et pendant le séjour qu'elle y fit, je fus fêté par les capitaines. Après leur départ, on me donna la ville pour prison.

Il faut se rappeler ici l'aventure que j'ai marquée m'être arrivée avec le vaisseau de guerre anglais nommé *le Prince d'Orange*, qui escortait une flotte chargée de charbon, et mon imprudence de lui avoir riposté de trois coups de canon avant d'arborer pavillon blanc. Cette étourderie d'un jeune homme m'attira une affaire des plus embarrassantes.

Une simple étourderie peut avoir de funestes conséquences. Ce défaut appartient en propre à la jeunesse, aussi est-il bon, surtout à cet âge de l'inexpérience et de la légèreté, de ne pas se laisser aller à un mouvement irréfléchi. Une minute de réflexion fait éviter bien des sottises!

Le capitaine de ce vaisseau, après avoir escorté

(1) Ville et port militaire de l'Angleterre, au fond d'une vaste baie, elle a une école royale de marine.

sa flotte dans les lieux de sa destination, relâcha par hasard dans la rade de Plymouth peu de jours après qu'on m'y eut conduit; il reconnut le vaisseau que je commandais lors de notre rencontre. Le ressentiment de la bravade que je lui avait faite le porta à présenter une requête à l'Amirauté tendant à me faire faire mon procès pour lui avoir tiré sans pavillon blanc contre les lois de la guerre, et à demander que je fusse mis en prison jusqu'au retour d'un courrier qu'il allait dépêcher à la reine d'Angleterre là-dessus. L'Amirauté, sur cette requête, me fit arrêter et conduire dans une chambre grillée avec une sentinelle à ma porte. La seule distinction qu'on me laissa d'avec les autres prisonniers consistait dans la liberté de me faire apprêter à manger dans ma chambre, avec permission aux officiers français de venir m'y tenir compagnie. Bientôt, à l'aide d'une intrigue, je réussis à m'évader et me rendis dans une chaloupe préparée à l'avance.

Nous nous embarquâmes dedans vers les six heures du soir, cinq Français que nous étions, savoir l'officier, compagnon de ma fuite, mon maître d'équipage, mon chirurgien, mon valet et moi ;

aussitôt nous fîmes route et passâmes près de deux vaisseaux de guerre anglais mouillés dans la rade, qui nous interrogèrent en passant : nous leur répondîmes comme aurait fait un bateau pêcheur anglais, et, continuant notre chemin, nous nous trouvâmes, à la pointe du jour, au dehors de la grande rade, assez près d'une frégate anglaise qui courait sa bordée pour entrer à Plymouth. Je ne sais par quel malheur elle s'opiniâtra à vouloir nous parler ; mais il est certain que nous allions être pris, si le vent, qui cessa tout d'un coup, ne nous eût mis en état de nous éloigner à force de rames. Nous voilà donc en pleine mer, très fatigués d'avoir ramé si longtemps ; la nuit vint, pendant laquelle nous nous relevions, mon maître d'équipage et moi, pour gouverner sur un compas éclairé d'un petit fanal. Je me trouvai tellement excédé de lassitude, que je ne pus résister au sommeil ayant le gouvernail à la main ; mais je fus bientôt et bien cruellement réveillé par une bourrasque de vent qui, donnant subitement et avec une impétuosité dans notre voile, coucha la chaloupe et la remplit d'eau dans un instant. J'évitai, par une prompte manœuvre, un naufrage d'autant plus certain que nous étions à plus de treize lieues de terre. Mes compagnons, qui dormaient, furent bientôt réveillés avec l'eau par dessus la tête ; notre biscuit et notre baril de bière, dans lequel la mer entra, furent tout gâtés, et nous fûmes très longtemps occupés à vider l'eau avec nos chapeaux. La chaloupe étant soulagée, je fis remettre en route pendant le reste de la nuit et le jour suivant. Enfin, sur les huit heures du soir, nous abordâmes la côte de Bretagne, à deux lieues près de Tréguier (1). La joie de me voir échappé de tant de périls fit que, tout las que j'étais, je me jetai légèrement sur le rivage pour embrasser ma terre natale ; et nous eûmes le temps de gagner, avant la nuit, un village voisin, où nous trouvâmes du lait, du pain et de la paille fraîche.

On ne peut lire sans attendrissement ce détail touchant de la vie de Duguay-Trouin. Le poète a eu bien raison de dire :

A tous les cœurs bien nés que la patrie est chère !

En effet, quand on a quitté sa patrie, on n'a plus qu'un

---

(1) Chef-lieu de canton des côtes du Nord ; elle fait un grand commerce maritime. Elle a été brûlée par les Espagnols en 1592.

désir, la revoir; il est impossible, loin d'elle, de goûter le bonheur. Les Juifs captifs à Babylone disaient : Nous nous sommes assis sur le bord des fleuves et là nous avons pleuré en nous souvenant de Sion. Nous avons suspendu nos instruments de musique aux saules du rivage, car ceux qui nous avaient enlevés nous disaient : Chantez-nous quelqu'un des cantiques de Sion, et nous leur répondions : Comment chanter sur une terre étrangère!

Ah! aimez-bien votre pays, mes amis, acquérez les vertus qui font les bons citoyens et qui rendent les nations fortes et prospères, et plus tard, quand vous serez en âge de servir la France, ne lui ménagez pas votre dévouement et soyez prêts pour elle à tous les sacrifices.

CHAPITRE II

Duguay-Trouin se rend à Saint-Malo. — Glorieux combats. — Abordage du vaisssau le *Sans Pareil*. — Il reçoit une épée du roi. — Démêlés avec le marquis de Nesmond. — Voyage à Paris. — Mort d'un de ses frères; sa douleur. — Sa rencontre avec le vice-amiral hollandais, baron de Wassenaër. — Il est nommé capitaine de frégate et va à la cour remercier le roi. — On lui tend un piège; il est filouté au jeu.

Le jour étant venu, nous nous rendîmes à Tréguier, et de là à Saint-Malo. J'appris, en y arrivant, que mon frère aîné était parti pour Rochefort où il armait le vaisseau du roi, *le Français*, à dessein de m'en conserver le commandement après mon retour d'Angleterre. Je pris la poste pour l'aller joindre, je trouvai ce vaisseau mouillé aux rades de la Rochelle, prêt à faire voile.

Je montai dessus, et, cinglant en haute mer,

j'établis ma croisière sur les côtes d'Angleterre et d'Irlande. Je pris d'abord cinq vaisseaux chargés de tabac et de sucre, ensuite un sixième chargé de mâts et de pelleterie venant de la nouvelle Angleterre ; ce dernier s'était séparé depuis deux jours d'une flotte de soixante voiles escortée par deux vaisseaux de guerre anglais, l'un nommé *le Sans-Pareil* et l'autre *le Boston.* Les habitants de Boston avaient fait construire ce dernier vaisseau exprès pour en faire présent au prince Georges : il était chargé de très beaux mâts et de pelleterie ; je m'informai avec grand soin de la direction du vent où cette flotte pouvait être, et je courus à toutes voiles de ce côté-là. J'en eus connaissance vers midi.

L'impatience que j'avais de prendre ma revanche me fit, sans hésiter, attaquer les deux vaisseaux de guerre qui lui servaient d'escorte. Dans mes premières bordées, j'eus le bonheur de démâter *le Boston* de son grand mât de hune et de lui couper sa grande vergue ; cet accident le mit hors d'état de traverser le dessein que j'avais d'aborder *le Sans Pareil :* cet abordage fut à l'instant exécuté, et mes grappins furent jetés au milieu de notre feu mutuel de canon et de mousqueterie. Cela fut suivi d'un si grand nombre de grenades que j'avais fait disperser de l'avant à l'arrière, que ses ponts et ses gaillards furent nettoyés en fort peu de temps; je fis battre la charge, et mes gens se présentèrent à l'abordage; mais le feu prit tout d'un coup à sa poupe si vivement que, dans la crainte de brûler avec lui, je me vis contraint de faire pousser vite au large : dès que cet embrasement fut éteint, je raccrochai le vaisseau *le Sans Pareil* une seconde fois, et le feu ayant aussi pris à ma hune et dans ma misaine, je me trouvai encore dans la nécessité de déborder. Sur ces entrefaites, la nuit vint, et toute la flotte se dispersa : les deux vaisseaux de guerre furent les seuls qui se conservèrent et que je conservai de même très soigneusement ; cependant, je fus obligé de faire changer toutes mes voiles criblées et brûlées, tandis que les ennemis étaient, de leur côté, occupés à se raccommoder.

Sitôt que le jour parut, je recommençai une troisième fois l'abordage du vaisseau *le Sans Pareil*, mais au milieu de nos deux bordées de canon et de mousqueterie, ses deux grands mâts tombèrent dans mes porte-haubans ; cet accident, qui le mettait hors de combat et hors d'état de s'enfuir, m'empêcha de permettre que mes gens sautassent à bord ; au contraire, je fis pousser précipitamment au large et courus avec la même activité sur le vaisseau *le Boston* qui faisait alors tous ses efforts pour s'enfuir. Je le joignis, et m'en étant rendu maître en peu de temps, je revins sur son camarade qui, étant ras comme un ponton, fut obligé de céder.

Ces deux vaisseaux étant soumis, un Hollandais, capitaine d'une prise que j'avais faite peu de jours auparavant, monta de notre fond de cale sur le gaillard (1) pour venir m'en faire compliment : il me dit d'un air joyeux qu'il venait aussi de remporter une petite victoire sur le capitaine de la prise anglaise qui m'avait donné avis de cette flotte et qu'étant descendus tous deux ensemble au fond de cale un moment avant notre combat, l'anglais lui avait dit :

—Camarade, réjouissons-nous, vous serez bientôt

(1) Nom qu'on donne aux parties extrêmes du pont supérieur d'un navire, à la proue et à la poupe.

en liberté : Le vaisseau *le Sans Pareil* est monté par un des plus braves capitaines de l'Angleterre, qui, avec ce même vaisseau, a pris à l'abordage le fameux Jean Bart, et le chevalier de Forbin (2) ; son camarade est aussi bien armé et bien commandé, ayant fortifié leur équipage de celui d'un vaisseau anglais qui s'est perdu depuis peu sur la côte de Boston, et ce vaisseau français ne saurait leur résister longtemps.

Le capitaine hollandais m'assura qu'il lui avait répondu qu'il me croyait plus brave qu'eux, et qu'il parierait de sa tête que j'emporterais la victoire. L'Anglais, indigné, répliqua à celui-ci qu'il en avait menti, et l'autre lui ayant donné un soufflet, ils en étaient venus aux mains. Le Hollandais demeura le vainqueur et vint dans le moment me raconter son combat, me demandant en grâce de faire monter son adversaire sur le pont, afin qu'il vît de ses propres yeux ces deux vaisseaux soumis et qu'il en crevât de dépit : en effet, je l'envoyai chercher ; il faillit en devenir fou quand il eut vu

---

(2) Chef d'escadre, né en 1656, mort en 1733. Il fit preuve en plusieurs rencontres de la plus rare intrépidité.

le Sans Pareil et *le Boston* dans le pitoyable état où je les avais mis. Il se retira, jurant comme un païen et s'arrachant les cheveux.

Cependant, j'eus une peine extrême à pouvoir amariner ces deux vaisseaux ; ma chaloupe et mon canot étaient hachés, et il survint un orage qui nous mit en très grand péril par le désordre où nous avait mis un combat si long et si opiniâtre. Le capitaine et tous les officiers du vaisseau *le Sans Pareil* furent tués ou blessés, et l'on m'apporta les brevets de MM. Bart et Forbin, alors capitaines, et depuis chefs d'escadre, qui avaient été ci-devant pris par ce même vaisseau. Je perdis en cette occasion près de la moitié de mon équipage, et la tempête nous sépara les uns des autres. M. Boscher, mon cousin germain, qui était mon capitaine en second, et qui s'était fort distingué dans ce combat, se trouvant à bord du *Sans Pareil*, fut obligé de faire jeter à la mer tous les canons de dessus son pont et ses gaillards, et quoiqu'il fût sans mâts, sans canons et sans voiles, il eut l'habileté de sauver ce vaisseau et de le mener dans Port-Louis. Le vaisseau *le Boston* trouva, après la tempête, quatre corsaires de Flessingue qui le reprirent à la vue de l'île d'Ouessant, et ce fut avec bien de la peine que je gagnai le port de Brest avec mon vaisseau démâté et tout délabré.

Le feu roi Louis le Grand, attentif à récompenser la vertu militaire, voulut, après cette action, m'honorer d'une épée. Je la reçus avec une lettre très obligeante du ministre de la marine, qui m'exhortait à mettre mon vaisseau en état d'aller joindre M. le marquis de Nesmond aux rades de la Rochelle. J'obéis et ne perdis point de temps à me rendre à ma destination (1694)

Nous trouvâmes cinq vaisseaux de guerre sous son commandement. Cette escadre croisa à l'entrée de la Manche ; nous y rencontrâmes trois vaisseaux de guerre anglais, et, leur ayant donné la chasse, je me trouvai un peu de l'avant du reste de l'escadre et précisément dans les eaux du plus gros vaisseau ennemi, nommé *l'Espérance*. Je le joignis à bonne portée de fusil et me préparais à aller l'aborder, dans la résolution de ne pas tirer un coup qu'après avoir jeté mes grappins (1) à son bord. Sur ces entrefaites, M. le marquis de Nesmond, qui avait,

(1) Petite ancre à plusieurs becs recourbés.

aussi bien que tous les vaisseaux de son escadre, pavillon et flamme anglaise, tira un coup de canon à balle sous le vent sans changer de pavillon : alors tous les officiers me représentèrent que parce qu'il n'avait pas arboré son pavillon blanc, ce coup de canon ne pouvait être qu'un commandement pour moi de l'attendre et que si je ne l'attendais pas, je tomberais dans le cas de désobéissance, le dessein du commandant ne pouvant être de me faire combattre sous pavillon ennemi. J'eus une peine infinie à céder à leur remontrance et à consentir qu'on carguât ma grosse voile, étant fort chagrin de voir échapper une si belle occasion de me distinguer. Je le fus encore bien davantage quand je vis, un quart d'heure après, M. le marquis de Nesmond mettre enfin son pavillon blanc et tirer un autre coup de canon pour commencer le combat. Je fis à l'instant remettre ma grande voile et tirer toute ma bordée au vaisseau *l'Espérance*. M. de la Villestreux attaqua en même temps le vaisseau anglais *l'Anglesey*; mais à peine eûmes-nous tiré trois ou quatre bordées que le marquis de Nesmond joignit le vaisseau *l'Espérance* et le combattit à portée de pistolet si vivement qu'il le démâta de son grand mât et s'en rendit maître après une assez belle résistance. M. de la Villestreux, capitaine du vaisseau *Saint-Antoine*, fut blessé à mort en combattant et voulant aborder le vaisseau *l'Anglesey*; il en fut même tellement désemparé de ses voiles et de ses manœuvres que n'étant plus en état de le poursuivre, l'ennemi s'échappa avec son camarade, à la faveur de la nuit.

Je fis mes justes plaintes à M. le marquis de Nesmond de ce qu'il m'avait obligé de carguer (1) ma grande voile par ce coup de canon à balle qu'il avait tiré sous pavillon anglais, m'ayant privé par là de l'honneur que j'allais acquérir en abordant le vaisseau *l'Espérance*; que mes officiers et tout mon équipage étaient témoins que j'y étais préparé et bien déterminé, et qu'il était bien triste pour moi qu'il se fût servi de son autorité pour profiter de cette occasion à mon préjudice. Il me répondit qu'il en était bien fâché par rapport à moi, mais que c'était une méprise de son capitaine de pavillon, qui n'avait pas fait attention au pavillon anglais et que toute la faute, s'il y en avait une, tom-

(1) Replier les voiles.

bait sur cet officier et non pas sur moi qui avais bien rempli mon devoir. Cependant les équipages des autres vaisseaux qui m'avaient vu le plus près des ennemis, et n'avaient pas fait attention au coup de canon que le commandant avait tiré sous pavillon anglais, furent très surpris de me voir carguer ma grande voile ; ils eurent même l'injustice d'interpréter à mon désavantage la manœuvre que j'avais faite, et, sans approfondir les raisons de subordination qui m'y avaient obligé, ils me taxèrent de peu de zèle dans leurs chansons matelotes ; mais ils en ont fait depuis ce temps-là un si grand nombre d'autres en mon honneur qu'ils ont réparé et au delà cette injustice. M. le marquis de Nesmond rendit, en cette occasion, des témoignages si publics et si authentiques de ma conduite que j'eus tout lieu d'en être satisfait.

« Fais ce que dois, advienne que pourra. »

Rien n'est bon, rien n'est doux au cœur comme la satisfaction que donne le devoir accompli. Heureux ceux qui peuvent se rendre à eux-même ce témoignage : *j'ai fait mon devoir*. Si chacun de nous le remplissait fidèlement, la face du monde changerait et nous ne serions pas si souvent, hélas! les témoins attristés de tant de défaillances et de fautes.

Le Roi m'ayant continué le commandement de son vaisseau *le Français*, et à M. de Beaubriant celui de la frégate *le Fortuné*, pour les employer à détruire les baleiniers hollandais sur les côtes du Spitzberg (1), nous sortîmes tous les deux du Port-Louis où nous avions fait caréner nos vaisseaux et fîmes route pour nous rendre sur ces parages ; mais nous fûmes tellement traversés par les vents que nous nous trouvâmes dans l'obligation d'aller faire de l'eau aux îles de Fereaux; après quoi la saison étant trop avancée pour aller jusque sur les côtes de Spitzberg, nous restâmes à croiser sur lès Orcades ; enfin, rebutés de n'y rencontrer aucun vaisseau ennemi, nous fîmes route pour aller consommer le reste de nos vivres sur les côtes d'Irlande. (1695).

Le malheur que nous avions eu de ne rien trouver pendant trois mois de croisière avait consterné les officiers et les équipages de nos deux vaisseaux : j'étais seul qui les encourageais par un pressentiment secret qui ne me quitta jamais et qui me

(1) Groupe d'îles de l'Océan glacial arctique. Cet archipel est désert ; il a été découvert, en 1553, par un Anglais. Son nom lui vient des rochers pointus et escarpés dont il est couvert.

donnait un air content au milieu d'une tristesse générale. La joie et la confiance que je tâchais de leur inspirer, et l'assurance que je leur donnais hardiment de quelque heureuse aventure furent bien justifiées par la rencontre que nous fîmes de trois vaisseaux anglais venant des Indes Orientales, très considérables par leur force et plus encore par leur richesse. Le vaisseau *le Fortuné* donna en passant la bordée au commandant anglais et, poussant sa pointe, alla combattre le second et s'attacha à le réduire. Je suivais le Beaupré sur la poupe, et, sitôt qu'il eut dépassé le *Commandant*, je le combattis vivement et m'en rendis maître. Je courus ensuite sur le troisième vaisseau qui voulait alors s'enfuir et qui se défendit ensuite avec beaucoup d'opiniâtreté; il est vrai que je craignais de le démâter et même de l'aborder à cause des grands pillages que je prévoyais indubitables; à la fin ayant cédé, nous amarinâmes (1) trois vaisseaux de manière à se défendre en cas de besoin et nous les escortâmes dans le Port-Louis. La

---

(1) Amariner c'est envoyer des hommes pour remplacer l'équipage d'un bâtiment pris sur l'ennemi.

richesse de ces vaisseaux donna plus de 20 pour 100 de profit, malgré tous les pillages.

Après cette campagne, l'envie me prit de faire un voyage à Paris pour me faire connaître de M. l'amiral et du ministre de la marine; mais principalement pour me donner la satisfaction de voir à mon aise la personne du roi, pour lequel, dès ma tendre jeunesse, je m'étais senti un grand fond d'attachement. M. le chancelier de Pontchartrain voulut bien me présenter à Sa Majesté, et mon admiration redoubla à la vue de ce monarque; il parut content de mes faibles services, et je sortis de son cabinet, le cœur pénétré de la douceur et de la noblesse qui régnait dans ses paroles et dans ses moindres actions. Le désir que j'avais de me rendre digne de son estime en devint plus ardent.

Louis XIV se plaisait à entendre de la bouche de Duguay-Trouin le récit de ses actions. Un jour qu'il racontait un combat où se trouvait un vaisseau nommé *la Gloire* : J'ordonnai, dit-il, à *la Gloire* de me suivre. — Elle vous fut fidèle, reprit le roi, avec un délicat et charmant à propos.

Ce fut un étrange spectacle pour ces courtisans oisifs et dédaigneux qu'un homme de mer transporté du sein de ses vaisseaux au milieu de la cour et conversant avec le roi.

Quelques-uns remarquèrent peut-être qu'il n'avait pas les grâces et les manières des cours : Louis XIV remarqua sa valeur et son génie.

Je pris tout d'un coup la résolution de m'arracher de Paris et de me rendre au Port-Louis, dans le dessein d'y armer le vaisseau de guerre *le Sans-Pareil*, que j'avais pris sur les Anglais.

Ce vaisseau étant prêt, je mis à la voile et me rendis sur les côtes d'Espagne; j'appris, par quelques vaisseaux neutres auxquels je parlai, que trois vaisseaux hollandais attendaient, dans le port Vigo, l'arrivée d'un vaisseau de guerre qui devait les prendre en passant et les escorter jusqu'à Lisbonne. Je réfléchis sur cet avis, et je formai le dessein de donner le change aux Hollandais; en effet, je m'y présentai un beau matin sous pavillon anglais avec mes deux basses voiles carguées, mes perroquets en bannière et un yacht anglais au bout de ma vergue d'artimon, manœuvre que j'avais vu faire aux Anglais dans un cas à peu près semblable. La fabrique anglaise de mon vaisseau aida si bien à ce stratagème que deux de ces trois vaisseaux hollandais, abusés par des apparences aussi trompeuses, mirent à la voile et vinrent se ranger sous mon escorte; le troisième n'aurait pas manqué d'en faire autant s'il s'était trouvé en état de lever l'ancre. Ces vaisseaux se trouvèrent chargés de gros mâts et d'autres bonnes marchandises.

Chemin faisant pour les conduire dans le premier port de France, je me trouvai, à la pointe du jour, à trois lieues sous le vent de l'armée navale ennemie. Dans cet embarras, je pris mon parti sans balançer; j'ordonnai à mes deux prises d'arborer leur pavillon hollandais et d'arriver vent en arrière, après m'avoir salué de sept coups de canon chacun. Ensuite, me confiant dans la bonté et dans la fabrique de mon vaisseau, je fis voile vers l'armée ennemie avec autant de confiance que j'aurais pu le faire si j'avais été réellement un de leurs vaisseaux, qui, après avoir parlé à des vaisseaux étrangers eût voulu se rallier à son corps.

D'abord il s'était détaché de l'armée deux gros vaisseaux et une frégate pour venir me reconnaître; les deux vaisseaux trompés par ma manœuvre cessèrent aussitôt la chasse et retournèrent à leur poste; la seule frégate, poussée par son mauvais destin, s'opiniâtra à vouloir parler à mes deux prises et les joignit à vue d'œil, je naviguais pendant cela avec toute l'armée et avec autant de tranquillité que si j'avais été des leurs. J'étais pourtant au désespoir de voir mes deux prises prêtes de tomber au pouvoir de cette frégate, et comme j'avais remarqué que mon vaisseau allait beaucoup mieux que les vaisseaux les plus près de nous, je fis courir un peu au large pour me mettre insensiblement en avant d'eux, et tout d'un coup je forçai de voiles pour aller entre mes prises et la frégate qui les poursuivait; je m'y rendis assez à temps pour lui barrer le chemin et pour la combattre comme je fis à la vue de toute l'armée, je l'aurais même enlevée s'il m'avait été possible de l'aborder; mais le capitaine qui la montait, quoiqu'il eût mis d'abord son canot à la mer pour venir à mon bord, conserva assez de défiance et d'habileté pour le tenir au vent et ensuite pour revirer sous le feu de mon canon et de ma mousqueterie à la rencontre de plusieurs gros vaisseaux qui se détachèrent à l'instant pour voler à son secours. Leur approche m'obligea de l'abandonner, et cette frégate se trouva si maltraitée qu'elle mit à la bande avec un pavillon rouge sous ses barres de hune, et tirant des coups de canon de distance en distance. Ce signal pressant d'incommodité fit que les vaisseaux les plus près s'arrêtèrent pour la secourir, ils recueillirent en même temps son canot, qui après avoir débordé de la frégate pour venir à mon bord nous avait reconnus, et n'ayant pu regagner le sien pendant notre combat, avait fait route du côté de l'armée. Ces circonstances favorables me donnèrent le temps de rejoindre mes prises à l'entrée de la nuit et de les conduire au Port-Louis.

Après avoir mis ces prises en sûreté, j'allai consommer le reste de mes vivres à l'entrée de la Manche, où je trouvai un vaisseau flessinguois revenant de Curaçao. Je m'en rendis maître et le conduisis dans le port de Brest où je fis caréner mon vaisseau.

Je fis en même temps équiper une frégate de seize canons dont je donnai le commandement à un de mes jeunes frères, qui m'avait donné en plus d'une rencontre des marques d'une capacité au-dessus de son âge. Nous mîmes ensemble à la voile et allâmes croiser sur les côtes d'Espagne. J'avais consommé la plus grande partie de nos vivres sans rien rencontrer, et comme nous commencions à manquer d'eau, je jugeai à propos d'aller en chercher auprès de Vigo, où nous pourrions peut-être en même temps faire quelque capture. Dans cette idée, nous allâmes mouiller entre le port et les îles de Bayonne et n'y ayant découvert aucun vaisseau, nous nous attachâmes à découvrir un endroit propre à faire de l'eau. Pour cet effet, nous nous embarquâmes, mon frère et moi, dans mon canot avec quelques volontaires et, ayant remarqué une anse située à bas bord en entrant, d'où paraissait couler un ruisseau, nous avançâmes pour la reconnaître de plus près, mais en l'approchant nous fûmes salués de plusieurs coups de fusil qu'on nous tira des retranchements qui bordaient le rivage. Ma première idée fut de nous en retourner à bord de nos vaisseaux, afin de ne pas nous exposer témérairement; cependant comme j'y avais laissé ordre de nous envoyer, en cas de besoin, du renfort dans l'autre chaloupe, mon frère, jeune homme ardent dans les occasions d'honneur, me représenta qu'il serait honteux de se retirer devant des malheureux paysans qui n'étaient pas capables de tenir devant nous, qu'il fallait les aller attaquer et faire en même temps signal à nos vaisseaux de nous envoyer du secours. Il faut avouer qu'une mauvaise honte et un ridicule point d'honneur l'emportèrent dans cette occasion sur la répugnance que j'avais à suivre ce conseil. Je mis pied à terre, suivi d'une vingtaine de jeunes gens qui étaient dans mon canot : nous forçâmes, l'épée à la main, les retranchements d'où l'on avait tiré et nous établîmes dedans après en avoir chassé ceux qui les gardaient, afin d'y attendre le secours de nos vaisseaux. On ne tarda pas à nous envoyer cent cinquante hommes bien armés : j'en laissai vingt à la garde des retranchements que nous fortifiâmes avec les pierres de nos chaloupes afin d'assurer notre retraite. J'en donnai cinquante autres à commander à mon frère, avec ordre d'aller prendre à revers un gros bourg où je voyais que les milices espagnoles se rassemblaient, parce que je comptais l'attaquer de front avec quatre-vingts hommes qui me restaient. Dans cette disposition je m'avançai tambour battant vers l'endroit où je croyais trouver plus de résistance. Mon frère, qui brûlait d'envie de se distinguer pressa encore plus sa marche, et se laissant trop emporter par l'ardeur de son courage, attaqua devant moi les retranchements du bourg qu'il prit à revers et qu'il emporta à la tête de sa troupe. Sa valeur lui devint funeste :

il reçut, en franchissant le premier, une blessure mortelle d'une balle de fusil qui lui traversa l'estomac; je combattais aussi de mon côté et ayant pénétré dans les retranchements, j'étais occupé à faire donner quartier aux Espagnols qui avaient mis bas les armes, quand je reçus cette triste nouvelle. Il me serait très difficile d'exprimer ici jusqu'à quel point j'en fus touché. Cet infortuné frère m'était encore plus cher par son intrépidité et par son caractère aimable que par les liens du sang; je restai immobile, et, tout d'un coup devenant furieux, je courus comme un fou vers ceux des ennemis qui résistaient et j'en sacrifiai plusieurs à mon ressentiment. Cependant mes soldats s'abandonnaient au pillage. Une troupe de cavalerie ayant paru sur une hauteur, je repris un peu mes sens, et rassemblant la plus grande partie de mes gens avec assez de promptitude, je courus chercher mon frère, je le trouvai couché par terre baigné dans son sang qu'un chirurgien tâchait d'arrêter. Un objet aussi touchant m'arracha des larmes, je l'embrassai sans avoir la force de lui dire un mot; je le fis aussitôt emporter à bord de mon vaisseau où je voulus l'accompagner, ne pouvant me résoudre à le quitter dans l'état pitoyable où je le voyais. Je donnai en même temps ordre aux officiers de faire embarquer tous mes gens et chargeai un de mes cousins germains, qui était mon premier lieutenant, du soin de les couvrir et d'assurer notre retraite, qui se fit sans confusion et avec fort peu de perte.

Mon frère ne vécut que deux jours et rendit entre mes bras son dernier soupir avec des sentiments de religion et une fermeté héroïque. La tendresse et la douleur me rendirent éloquent pour l'exhorter dans ses derniers moments, et je demeurai après dans un accablement extrême. J'ordonnai qu'on mît à la voile pour porter son corps à Viana, ville située sur les frontières du Portugal, où je lui fis rendre les derniers devoirs avec tous les honneurs dus à sa valeur et à son mérite qui certainement n'était pas commun. Toute la noblesse des environs assista à ses funérailles etparut sensible à la perte d'un jeune homme si bien fait et si valeureux.

Ce triste devoir étant rempli, je repris la mer pour consommer le reste de mes vivres, et ayant rencontré un vaisseau hollandais venant de Curaçao, je le joignis, m'en rendis maître et le conduisis à Brest. Je désarmai mes deux vaisseaux, ayant l'esprit continuellement agité de l'idée de mon frère expirant entre mes bras qui me réveillait en sursaut toutes les nuits, et qui pendant fort longtemps ne me laissa pas un moment de repos.

On aime à voir dans un homme habitué aux âpres et dangereux combats de la mer, aux périls de toute sorte, ces sentiments d'amitié fraternelle si bien exprimés. Chez les héros, la tendresse du cœur, les plus aimables qualités de l'esprit s'allient souvent à la fermeté du caractère et aux plus mâles vertus.

Parmi les courtes joies qu'il est donné à l'homme de goûter ici-bas, il n'en est pas de plus douces que celles que nous donne le foyer paternel. Lorsque le soir de la vie se fait pour nous, lorsque nous avons trempé nos lèvres à la coupe par fois amère de l'existence, nous aimons à retourner en arrière, à nous rappeler les jours heureux de notre enfance, le dévouement de notre père, les caresses de notre mère, nos jeux avec nos frères et nos sœurs; ces souvenirs ont pour nous un charme inexprimable, et bien à plaindre sont ceux qui ont été privés de ces joies naïves et pures !

Six mois après, M. des Clouseaux, intendant de la marine à Brest, qui avait plus d'estime pour moi que je ne méritais, me rengagea par ses sollicitations à prendre le commandement de trois vaisseaux qu'il voulait envoyer au-devant de la flotte de Bilbao, je montai le premier et confiai le second à mon parent M. Baucher, qui avait été mon capitaine en second, et dont je connaissais la valeur et la capacité.

Huit jours après notre départ de Brest, j'eus connaissance de cette flotte escortée par trois vaisseaux de guerre hollandais, commandés par le baron de Wassenaër. Le grand vent m'obligea de les conserver deux jours, au bout desquels j'étais sur le point de hasarder le combat, quand je découvris heureusement deux frégates de Saint-Malo. Nous tînmes conseil avec les commandants; je pris les dispositions utiles, et les deux abordages des vaisseaux *le Delft* et *l'Houstardie* furent exécutés avec une égale fierté, mais avec un succès bien différent. Je fis sauter à bord de ce dernier la moitié de mes officiers avec cent-vingt de mes meilleurs hommes qui l'enlevèrent d'emblée; je poussai en même temps au large et courus avec empressement secourir le vaisseau *Sans-Pareil*, qui toujours accroché au *Commandant*, en essuyait un feu terrible; j'arrivai près d'eux comme la poupe de mon camarade sautait en l'air par le feu qu'un boulet avait mis à des caisses pleines de gargousses : plus de quatre-vingts hommes en furent écrasés ou jetés à la mer, et le feu étant prêt à se communiquer à la soute aux poudres, j'attendais avec une frayeur extrême le moment de le voir périr. Dans ce danger pressant, M. Baucher, capitaine du *Sans-Pareil*, conserva assez de fermeté et de sang-froid pour faire couper ses grappins et faire pousser son vaisseau au large. Piqué de ce fâcheux contretemps et désespéré de la perte de ce brave parent que je regardais comme indispensable, je m'avançais pour prendre sa place et pour le venger. Ce nouvel abordage fut très sanglant par la vivacité de notre feu mutuel et par le courage du baron de Wassenaër, qui me reçut avec une fierté étonnante. Les plus plus braves de mes officiers et de mes soldats furent repoussés jusqu'à quatre fois; il en périt même un si grand nombre que, malgré mon dépit et tous mes efforts, je fus contraint de faire pousser au large, afin de redonner un peu d'haleine et de courage à mes gens rebutés, et de travailler à réparer ce désordre qui n'était pas petit.

Dans cet intervalle, les frégates *l'Aigle noir* et

la Falvere, s'étaient rendus maîtres du troisième vaisseau de guerre, et ce dernier se trouvant à portée de ma voix, j'ordonnai à M. Desaudrais du Fresne, qui la montait, de s'avancer sur le vaisseau *le Delft* afin d'entretenir le combat et de me donner le temps de pouvoir revenir à la charge. Il s'y présenta et fut malheureusement tué aux premiers coups : ce nouveau contretemps mit le désordre dans cette frégate qui vint à travers et m'attendit. Touché de la mort de ce brave homme, je dis au sieur Langallerie, son second, de me suivre pour le venger. En effet, je retournai tête baissée aborder ce redoutable baron avec la résolution de vaincre ou d'y périr. Cette dernière scène fut si vive et si sanglante que tous les officiers de ce commandant furent tués ou blessés; il fut lui-même très dangereusement blessé en quatre endroits et tomba sur son gaillard de derrière où il fut pris les armes à la main. *La Falvere* eut part à cette dernière attaque en venant m'aborder et jetant dans mon vaisseau quarante hommes de renfort.

Plus de la moitié de mon équipage périt en cette occasion, j'y perdis un cousin germain, lieutenant sur mon vaisseau, et deux autres parents sur *le*

Sans-Pareil, sans compter plusieurs autres officiers blessés. Ce combat fut suivi d'une tempête et d'une nuit affreuse qui nous sépara les uns des autres. Mon vaisseau, percé de coups de canon à l'eau et entr'ouvert par ses abordages réitérés, coulait bas; il ne me restait qu'un jeune officier avec cinquante-cinq hommes des moindres de mon équipage, et j'avais plus de cinq cents prisonniers hollandais à garder qui étaient employés à pomper et puiser l'eau de l'avant à l'arrière de mon vaisseau. Ainsi, nous étions forcés d'avoir continuellement, cet officier et moi, l'épée et le pistolet à la main pour les contenir. Cependant, toutes nos pompes et nos puits n'étant pas capables d'empêcher mon vaisseau de couler, je fis jeter à la mer tous les canons du second pont et des gaillards, boulets et pinces de fer, même une vergue de rechange et jusqu'aux cages à poulets. Cette extrémité devint si pressante que l'eau se déchargeait aux roulis du fond de cale dans l'entrepont. Dans ce désordre, rien ne me toucha plus sensiblement que de voir quatre-vingts blessés, fuyant l'eau qui les gagnait, se traîner à quatre pieds avec des gémissements pitoyables, sans pouvoir leur donner aucun soulagement. Enfin, la mort nous environnant de toutes parts, je me déterminai à faire gouverner sur la côte de Bretagne, qui ne pouvant être loin de la vue, au moins de périr plus près de la terre, dans l'unique espoir que quelqu'un pourrait s'y sauver sur les débris de notre vaisseau; mais comme en faisant cette route nous présentions le côté de bâbord (1) au vent et que c'était le plus endommagé de l'abordage et des coups de canon, il arriva que ce côté, se trouvant en partie au-dessus de la mer, elle n'y entra plus avec la même rapidité : en sorte que, redoublant nos efforts, nous soulageâmes le vaisseau de deux bons pieds d'eau. Sur ces entrefaites, les matelots placés en garde sur le beaupré crièrent qu'ils voyaient les brisants des rochers et que nous allions périr si on ne revenait pas dans le moment sur tribord. Il est naturel de fuir le danger le plus pressant pour prolonger sa vie; ainsi nous changeâmes de route, et en moins d'une demi-heure le vaisseau se remplit d'eau comme auparavant; trois fois nous fîmes cette manœuvre

(1) Bâbord, côté gauche d'un navire en partant de l'arrière ou poupe. Son opposé est tribord.

et trois fois nous changeâmes, avant qu'il fût jour. Sitôt qu'il parut, nous connûmes que nous étions entre l'île de Groué et la côte de Bretagne; je fis mettre aussitôt pavillon rouge sous les barres de hune et tirer des coups de canon de distance en distance pour attirer un prompt secours. Heureusement pour nous, le vent avait beaucoup diminué et nombre de bateaux se rendirent à mon bord qui soulagèrent nos gens épuisés et firent entrer mon vaisseau dans le Port-Louis. Un heureux hasard voulut que les trois vaisseaux de guerre hollandais avec douze autres marchands de leur flotte y arrivèrent le même jour ainsi que trois frégates. Le vaisseau *le Sans-Pareil* s'y rendit le lendemain après avoir été vingt fois sur le point de périr par le feu et par la tempête.

Un de mes premiers soins en arrivant à terre fut de m'informer du baron de Wassenaër que je savais très grièvement blessé. J'appris qu'il avait été transporté au Port-Louis, et je courus avec empressement lui offrir ma bourse et tous les secours qui pouvaient être en mon pouvoir. Ce généreux guerrier, dont la valeur m'avait inspiré de l'attachement et de l'émulation, ne voulut pas me faire le plaisir d'accepter mes offres; il se contenta de me témoigner beaucoup de reconnaissance, me faisant entendre qu'il se serait plus aisément consolé de son malheur s'il avait pu se faire transporter à bord de mon vaisseau où il était persuadé qu'il aurait reçu tous les secours et toutes les honnêtetés qui lui avaient été refusés par ceux qui s'étaient rendus maîtres de son vaisseau. Je ressentis de cet aveu une confusion et une indignation si grande contre l'officier qui y commandait depuis sa prise, qu'après lui avoir fait des reproches très aigres et des mortifications encore plus sensibles, je n'ai pu de ma vie le regarder de bon œil quoiqu'il fût mon proche parent. En effet, quiconque n'est pas capable d'aimer et de respecter la valeur dans son ennemi même, n'a pas le cœur et les inclinations généreuses. Un des plus sensibles chagrins que j'aie eu dans cette aventure a été de n'avoir pas pu témoigner, comme je l'aurais désiré, à ce valeureux baron de Wassenaër toute l'estime et la vénération que j'ai pour sa vertu.

Sur le récit que M. le comte de Pontchartrain fit de cette action au roi, il eut la bonté de me prendre à son service en qualité de capitaine de frégate légère. Sensible à cette grâce autant que le peut être un sujet plein de zèle pour son prince, je n'attendis pas le désarmement de mes vaisseaux délabrés pour aller en remercier Sa Majesté, je lui fus présenté dans son cabinet par M. de Pontchartrain, et j'y reçus des marques de sa bonté et de sa satisfaction, qui touchèrent mon cœur d'autant plus vivement qu'une forte inclination m'attachait à ce grand roi. Le baron de Wassenaër eut aussi l'honneur de lui faire la révérence quand il fut guéri de ses blessures, et sa valeur lui fit recevoir de Sa Majesté des témoignages d'estime et de bienveillance tout à fait distingués. Il est vrai que personne ne connaissait si bien quel était le prix du mérite et ne savait aussi mieux le récompenser. L'aversion que j'ai toujours eue pour le personnage de courtisan ne m'empêchait pas de lui faire assidûment ma cour et de lui marquer mon attachement dont la connaissance n'échappa pas à sa pénétration. Cependant, comme ce n'était pas par cet endroit que je désirais le plus mériter la continuation de ses bontés, je sollicitai et obtins du roi les vaisseaux *le Solide* et *l'Oiseau* pour aller faire la guerre à ses ennemis et croiser sur les côtes d'Angleterre.

Dans cette idée, je me rendis en poste à Brest, et j'engageai en passant à Saint-Malo deux autres vaisseaux de trente-six canons. En effet, ils mirent à la voile pour se rendre à Brest et nous étions sur le point d'en sortir pour aller ensemble croiser, quand le roi jugea à propos de donner la paix à toute l'Europe, et la publication qui en fut faite m'obligea de faire rentrer mes vaisseaux dans le port et d'y désarmer.

Pendant les quatre années que dura cette paix, je passais les hivers à Brest, lieu de mon département, et les étés à Saint-Malo, où depuis le bombardement de cette ville par les Anglais, le roi envoyait tous les printemps un corps d'officiers et de soldats de la marine. Au milieu de mon repos, il m'arriva une affaire à Saint-Malo, qui tirait son origine de la première campagne que j'avais faite sur mer ; la voici :

Un gentilhomme des environs avec qui j'avais fait cette première campagne et qui dans ce temps-là me témoignait beaucoup d'amitié, ayant vu qu'à notre retour j'avais gagné quelque argent au jeu, se mit dans l'esprit de me le filouter, et comme cela était difficile par la connaissance que j'avais des tours ordinaires, il s'avisa de me proposer une partie de campagne chez son frère aîné, sous prétexte de m'y procurer le plaisir de la chasse. J'acceptai la proposition et y fus reçu de la meilleure grâce du monde. Le résultat de tant d'honnêtetés fut de m'engager à jouer tous les soirs au piquet avec l'aîné. Je m'y livrai sans défiance et ne m'apercevais pas que mon fidèle ami regardait mon jeu en se promenant, et par des signes concertés marquait à son frère ce qu'il devait porter ; en sorte que les caresses feintes de mon perfide camarade m'aveuglèrent au point que je ne m'en défiai qu'après avoir perdu quarante pistoles que j'avais et trente autres sur ma parole. Je fus obligé, en prenant congé d'eux, de laisser mon billet, et je les priai de n'en point parler à cause des ménagements que j'avais à garder avec ma mère, les assurant qu'au retour de la seconde campagne que j'allais faire en mer, je les paierais régulièrement. En effet, malgré ma juste défiance, j'aurais acquitté ma dette, s'ils n'avaient pas eu la malhonnêteté de faire assigner ma mère dès que je fus embarqué, dans l'espérance de l'obliger à payer mon billet. Ils en furent déboutés, et leur vilain procédé me piqua.

Aussi, bien loin de les satisfaire, à mon retour, je prétendis au contraire leur faire rendre, si je pouvais, les quarante pistoles qu'ils m'avaient filoutées.

Cette affaire en était demeurée là, lorsqu'ils s'avisèrent fort longtemps après de me faire assigner par-devant messieurs les Maréchaux de France, et faute à moi d'avoir comparu, ils surprirent un ordre de m'arrêter. J'en reçus l'avis à Versailles où j'étais alors et j'allai me présenter devant nos juges. Je leur fis une peinture si naturelle du mauvais procédé de ces gens-là et de quelques autres de leurs tours, dont j'avais fourni des preuves, qu'ils demeurèrent persuadés de la vérité et firent une très sévère réprimande à mes adversaires et me renvoyèrent hors de cour et de procès.

Or, depuis cette scène, nous ne nous étions pas vus, mon indigne camarade et moi, et j'en avais perdu le souvenir, quand il vint à l'heure que j'y pensais le moins, s'asseoir près de moi au théâtre où l'on jouait une comédie, à Saint-Malo. Je changeai de couleur, et m'étant informé adroitement de sa demeure, je l'attendis au passage, lui fis mettre l'épée à la main et le blessai de deux coups d'épée : il en fut six semaines au lit, et cette affaire s'étant passée à la clarté des lanternes, elle n'eut d'autres suites que de nous faire venir tous deux devant le commandant de la place après qu'il fut guéri de ses blessures, lequel nous défendit de la part du roi toutes voies de fait.

On l'a dit avec raison : Le jeu est le dissipateur du bien, la perte du temps, le gouffre des richesses, l'écueil de l'innocence, la destruction des sciences, l'ennemi des Muses, le père des querelles.

CHAPITRE III

Rencontre d'une escadre ennemie. — Curieuse anecdote à propos d'une horloge de sable. — Défection d'un officier. — Tempête affreuse sur les côtes de Bretagne. — Mort glorieuse de son plus jeune frère.

Sur la fin de ces quatre années de paix, je fus nommé pour m'embarquer en second sur le vaisseau du roi *la Dauphine*, commandé par M. le comte de Hautefort, en 1702; mais la guerre de succession s'étant déclarée, on me fit débarquer pour armer en course les frégates du roi, *la Bellone* et *la Railleuse*. Comme il n'y avait point d'autres vaisseaux à Brest propres à croiser, je fus obligé de me contenter de ces deux-là, et j'en engageai deux autres à venir me joindre de Saint-Malo à Brest.

L'un d'eux, commandé par M. Porée, qui par ses actions s'était acquis la réputation d'un très brave homme et très entendu, s'y rendit le premier, et l'autre tardant trop nous mîmes ensemble à la voile et fûmes croiser sur les Orcades. Nous y prîmes trois vaisseaux hollandais venant du Spitzberg, mais la tempête nous ayant séparés les uns des autres, elle fit périr deux de ces prises sur les côtes d'Ecosse. L'orage ayant cessé et cherchant à rejoindre mes camarades, je découvris, au lieu d'eux, un vaisseau de guerre hollandais qui croisait pour couvrir les pêcheurs de harengs. J'arrivai sur lui et arborai mon pavillon. Ce vaisseau se sentant aussi fort que moi, bien loin de plier, cargua ses voiles et arriva si promptement que je ne pus l'empêcher de mettre mon beaupré dans ses grands haubans. J'essuyai dans cette situation désavantageuse le feu de toute son artillerie sans pouvoir lui riposter que de deux canons de l'avant, et j'étais perdu si je n'avais pris le parti de faire sauter à l'instant même tout mon équipage à son bord. Le plus jeune de mes frères, premier lieutenant sur mon vaisseau, se lança le premier dedans, tua un des officiers à ma vue et se distingua par des actions au-dessus de son âge, et cet exemple d'intrépidité anima tellement le reste de mes gens qu'il ne resta dans mon vaisseau qu'un seul pilote avec les mousses et quelques timoniers. Le capitaine hollandais et tous ses officiers furent tués, et leur vaisseau fut enlevé d'emblée. J'avais déjà reçu plusieurs coups de canon, de manière que toute son artillerie m'enfilant de l'avant à l'arrière, c'était une nécessité de vaincre brusquement ou de périr sans aucune ressource.

Nos deux vaisseaux furent si maltraités dans cet abordage, que pour les rétablir, je fus obligé d'aller dans un port de l'île d'Hitland : nous y fûmes chargés d'un violent coup de vent qui, m'ayant mis dans un danger évident de périr à l'ancre, me força de remettre à la voile et d'y laisser ma prise ; elle en sortit peu de temps après et fit naufrage sur les côtes d'Ecosse. — Je pris encore un autre vaisseau hollandais qui coula bas et dont je sauvai une partie de l'équipage avec bien de la peine et du péril.

Rebuté de cette tempête continuelle et ne trouvant point mes camarades, je fis route pour aller finir mes vivres à l'entrée de la Manche : la tempête opiniâtre m'y accompagna et me démâta pendant la nuit. Cet accident me fit encore envisager la mort d'assez près. Mais la Providence me conserva et me donna la force de me sauver dans le port de Brest où je désarmai.

Mes deux camarades ne furent pas plus heureux : M. Porée rencontra un autre vaisseau de guerre hollandais ; il l'attaqua vivement, et s'étant mis en devoir de l'aborder, il eut le bras emporté par un boulet de canon. Ce brave homme reçut un moment après une autre blessure très dangereuse dont il n'échappa que par miracle.

La frégate *Railleuse*, qui était montée par un de mes parents, fut obligée de faire vent-arrière au gré de l'orage, qui la poussa vers Lisbonne ; elle y relâcha et de là se rendit à Brest sans avoir fait aucune prise.

L'année suivante (1703), le roi m'accorda ses vaisseaux *l'Eclatant*, de soixante-six canons, *le Furieux*, de soixante-deux et *le Bienvenu*, de trente. Je montai le premier sur lequel je ne fis monter que cinquante-huit canons, et sur *le Furieux* que cinquante-six, afin de les rendre plus légers. M. Desmarais Hurpin, lieutenant de port, commanda le dernier vaisseau. Je fis joindre à ces trois vaisseaux deux frégates de Saint-Malo, pour aller tous cinq détruire la pêche des Hollandais sur les côtes du Spitzberg.

Ces deux frégates m'étant venues joindre à Brest, nous mîmes à la voile, et, sur l'avis qu'on me donna que quinze vaisseaux hollandais revenant des Indes Orientales devaient passer au nord des Orcades, je jugeai à propos d'y aller croiser quelques jours. Y étant arrivés, nous eûmes connaissance de quinze vaisseaux que nous ne pûmes bien distinguer à cause de la brume qui était assez épaisse. L'attente où nous étions de pareil nombre de vaisseaux des grandes Indes, nous fit croire que c'étaient eux et nous fîmes de la voile pour les reconnaître de plus près; mais le brouillard se dissipant, nous connûmes que c'était une escadre de gros vaisseaux de guerre hollandais qui croisaient au-devant de ceux que nous cherchions. Nous ne balançâmes pas à mettre toutes nos voiles au vent, afin de les éviter. Cependant, il se trouva parmi eux cinq à six vaisseaux frais carénés allant si bien, contre l'ordinaire des Hollandais, qu'ils joignaient à vue d'œil les vaisseaux *le Furieux* et *le Bienvenu :* ce dernier surtout, était prêt à tomber entre leurs mains. Je ne pus me résoudre à les voir prendre sans coup férir, et comme le vaisseau *l'Eclatant* que je montais était le meilleur de ma petite escadre, je fis carguer mes basses voiles et demeurai en arrière d'eux afin de les couvrir; faisant, en cela, l'office de bon pasteur qui veut se sacrifier pour son troupeau. Dieu bénit mes soins et permit que le premier vaisseau de soixante canons qui vint me combattre à portée de pistolet fut, en trois ou quatre bordées de canons et de mousqueterie données à bout touchant, démâté de tous ses mâts, et ras comme un ponton. Les quatre vaisseaux les plus près qui poursuivaient *le Furieux* et *le Bienvenu*, lancèrent aussitôt sur moi pour secourir leur camarade, je les attendis sans me presser, les saluant, l'un après l'autre, de quelque volée de canon dans la vue de les attirer davantage : en effet, ils s'engagèrent alternativement à me canonner assez longtemps, pour donner lieu aux vaisseaux de mon escadre de les éloigner, et même de les perdre de vue dans un brouillard qui s'éleva. Les ennemis s'opiniâtrèrent à me suivre et à me battre tant que je fus sous leur canon, mais sitôt que je vis mes camarades hors de péril, je fis de la voile et quittai cette escadre en assez peu de temps ; après quoi je vins du côté où mes vaisseaux avaient fait route, et fus assez heureux pour les rejoindre avant la nuit.

M. le chevalier de Courserac, lieutenant de vaisseau, qui était mon capitaine en second, me seconda de la tête et de la main, dans cette occasion délicate, avec beaucoup de valeur et de sang-froid : nous n'eûmes qu'environ trente hommes hors de combat. C'est pourtant, de toutes mes aventures, celle qui m'a le plus satisfait et qui m'a paru la plus propre à m'attirer l'estime des cœurs vraiment généreux.

La rencontre de cette escadre ennemie m'empêcha de croiser plus longtemps sur ces parages, et me fit aller droit aux côtes de Spitzberg ; nous y prîmes, rançonnâmes ou brûlâmes plus de quarante vaisseaux baleiniers. La bruine nous en fit manquer un grand nombre d'autres. J'eus avis qu'il y en avait deux cents dans le port du Growenhave (1), je m'y présentai, et déjà j'étais engagé

(1) Contrée située entre le Groënland et la Nouvelle-Zemble.

entre les pointes qui forment cette baie, quand il s'éleva un brouillard si épais et un calme si grand, que nos vaisseaux ne gouvernant plus, furent jetés par les courants jusque dans le nord de l'île Violand, et si près d'un banc de glaces qui s'étend à perte de vue, que nous eûmes bien de la peine à nous empêcher de donner dedans. A la fin, il vint un peu de vent qui nous mit au large et en état de retourner au port du Growenhave. Y étant arrivés, nous y trouvâmes plus de deux cents vaisseaux hollandais et nous apprîmes que, pendant le calme, ils s'étaient fait remorquer par un grand nombre de bateaux dont ils sont pourvus pour la pêche de la baleine et qu'ils avaient fait route sous l'escorte de deux vaisseaux de guerre.

Les bruines sont si fréquentes dans ces parages qu'elles nous firent tomber dans une erreur qui mérite bien d'être racontée. On se sert, dans nos vaisseaux, d'horloges de sable d'une demi-heure, que les timoniers ont soin de tourner huit fois pour marquer le quart, qui est de quatre heures, au bout duquel la moitié de l'équipage relève celle qui est sur le pont. Or, il est assez ordinaire que les timoniers, voulant, chacun en leur particulier, abréger un peu leur quart, tournent cette horloge avant qu'elle soit tout à fait écoulée, cela s'appelle *manger du sable :* cette erreur, ou plutôt cette malice, ne se peut redresser qu'en prenant la hauteur du soleil, et comme nous le perdîmes de vue pendant neuf jours consécutifs, que d'ailleurs, dans la saison où nous étions, le soleil ne fait que tourner autour de l'horizon, ce qui rend alors les jours et les nuits également éclairés, il arriva que les timoniers, à force de manger du sable, parvinrent au bout des neuf jours à faire du jour la nuit, et de la nuit le jour, si bien que tous les vaisseaux de l'escadre, sans exception, trouvèrent au moins onze heures d'erreur, quand le soleil vint à reparaître ; cela avait tellement dérangé les heures du repas et du sommeil, qu'en général, nous avions envie de dormir quand il était question de manger, et de manger quand il fallait dormir. Nous n'y fîmes attention que quand nous eûmes été désabusés par le retour du soleil.

Au bout de deux mois de croisière sur ces parages, la saison nous obligea de faire route avec nos prises pour retourner en France. Nous essuyâmes, dans cette longue traverse, des coups de vent fort vifs et fort fréquents qui séparèrent une partie de nos prises; quelques-unes firent naufrage, quelques autres furent reprises par les ennemis, et nous en conduisîmes quinze dans la rivière de Nantes, avec un vaisseau anglais chargé de sucre, que nous prîmes chemin faisant, après quoi nous retournâmes à Brest pour y désarmer nos vaisseaux.

A mon retour dans ce port, j'obtins du roi permission d'y faire construire deux vaisseaux de cinquante-quatre canons chacun, nommés *le Jason* et *l'Auguste*, et une corvette de huit canons, nommée *la Mouche*. Je montai *le Jason*, M. de Marques *l'Auguste* et M. de Bourgneufgravé, *la Mouche*.

Ces vaisseaux étant prêts, je mis à la voile et j'établis ma croisière sur les Sorlingues. J'y trouvai d'abord un garde-côte anglais, nommé *la Revanche*, qui vint me reconnaître à portée de canon : j'étais éloigné de trois lieues de mes camarades, et cela ne m'empêcha pas de m'avancer avec la civadière (1) prolongée, dans l'intention de l'aborder; il prit chasse du côté des Sorlingues, et je ne pus le joindre plus près que la portée de fusil; nous étions même si égaux de voile, que sans perdre ni

(1) Voile carrée du mât de beaupré.

gagner un pouce de terrain, nous combattîmes pendant trois heures et perdîmes de vue les vaisseaux *l'Auguste* et *la Mouche*. Cependant, je m'opiniâtrai à le poursuivre et à le battre si vivement, que, pour éviter l'abordage où je m'efforçais de l'engager, il se réfugia dans le port des Sorlingues, et je fus obligé de virer de bord pour rejoindre mes camarades.

Peu de jours après, la corvette *la Mouche*, s'étant séparée de nous pendant la nuit, fut rencontrée par ce même vaisseau *la Revanche*, qui la joignit et s'en empara ; il s'était fortifié de la compagnie du vaisseau de guerre anglais *le Falmouth*, à dessein de nous chercher, mon camarade et moi et de nous combattre ; du moins s'en vanta-t-il au capitaine de la corvette *la Mouche*, sitôt qu'il s'en fut rendu maître.

Sur ces entrefaites, nous découvrîmes, pendant la nuit, une flotte de trente voiles qui sortait de la Manche, nous la conservâmes jusqu'au jour, qui nous fit voir qu'elle était escortée par un vaisseau de guerre anglais. Je fis signal au vaisseau *l'Auguste* de donner au milieu de la flotte, et je m'avançai vers le vaisseau de guerre pour l'aborder. Un peu trop d'ardeur me fit le dépasser de la portée de pistolet et manquer le premier abordage ; je revins aussitôt sur lui, et m'en rendis le maître en moins d'une demi-heure de combat. Douze autres vaisseaux anglais de cette flotte furent pris, le reste se sauva à la faveur de la nuit.

En conduisant toutes ces prises à Brest, nous vîmes deux gros vaisseaux avec une corvette qui arrivaient vent arrière sur nous, et qui mirent en travers une lieue au vent de nous. Je reconnus aisément ma pauvre *Mouche* avec *la Revanche* et *le Falmouth*. Cet objet mit tout mon sang en mouvement, et quoique je fusse affaibli d'hommes d'équipage et embarrassé de toutes ces prises, je mis sans balancer toutes mes voiles au vent pour les joindre et leur livrer combat ; alors, bien loin de soutenir la gageure, ils prirent honteusement la fuite, et nous les poursuivîmes jusqu'à la nuit, qui m'obligea de rejoindre mes prises pour les conduire dans le port de Brest.

Dans cette relâche, j'obtins encore du roi la permission de faire construire une frégate de vingt-six canons, qui fut nommée *la Valeur*. Mon but était de la faire monter par mon jeune frère, dont l'application et la bravoure me donnaient de belles espérances. En attendant que cette frégate fût achevée, je remis en mer avec mes deux vaisseaux et deux frégates de vingt canons qui se joignirent à nous. Je fis en leur compagnie trois prises anglaises à la vue du cap Lézard ; j'avais fait mettre ma chaloupe à la mer avec deux officiers et soixante de mes meilleurs matelots afin de les amariner, quand tout d'un coup il parut, à la pointe du cap, deux gros vaisseaux de guerre qui arrivèrent sur nous avec tant de violence et de vitesse, que je n'eus pas le loisir de reprendre une partie de mes gens, ni celui de me bien préparer au combat. J'en fis pourtant le signal, et courant à l'encontre du plus gros vaisseau ennemi, nommé *le Rochester*, je me présentai pour l'aborder. Sitôt qu'il me vit à portée de pistolet, prêt à le prolonger, il me lâcha sa bordée de canon chargée à mitraille et de mousqueterie qui me hacha toutes mes voiles d'avant. Dans cette situation, l'ennemi eut le temps de me tirer une seconde bordée qui m'enfilait de l'arrière à l'avant, et qui me mit beaucoup de gens hors de combat ; tous mes mâts en furent endommagés, et ma vergue de grand hunier ayant aussi été coupée en deux, tomba par malheur sur ma grande voile qu'elle perça à droite et à gauche, et elle embarrassa tellement que je ne pouvais manœuvrer. Sitôt que mon vaisseau eut fait son abattue, tout ce que je pus faire, ce fut de donner ma bordée au vaisseau ennemi et de gouverner ensuite vent arrière pour travailler à me rétablir; mais en faisant cette manœuvre, je fus obligé de ranger de fort près le second vaisseau ennemi contre lequel mon camarade canonnait d'assez loin; nous nous tirâmes, en passant, nos bordées de canon et de mousqueterie, et je continuai de faire vent arrière, afin de joindre le vaisseau *l'Auguste*, et de revenir ensemble à la charge aussitôt que j'aurais pu remettre mes manœuvres tant soit peu en ordre. Je voudrais pouvoir dissimuler ici que mon camarade, bien loin de venir me seconder ou de m'attendre, mit des voiles pour s'éloigner de moi et des deux vaisseaux ennemis. Ceux-ci se mirent l'un à tribord et l'autre à bâbord du mien, et me combattirent très vivement pendant plus d'une heure. Cependant, je faisais aussi feu sur eux des deux bords. Dans cette situation, je ne voulus jamais permettre qu'on appareillât mes menues voiles ni que l'on coupât le câblot d'une chaloupe que j'avais à la remorque, pour ne pas témoigner de la faiblesse en présence de mes ennemis, et pour ne pas intimider mon camarade qui ne l'était déjà que trop, et qui avait mis toutes ses voiles pour nous éloigner plus promptement. Cependant, par une permission particulière de la Providence, mon vaisseau, sans avoir de grand hunier ni de menues voiles, et avec une chaloupe à la remorque, allait plus vite que le vaisseau *l'Auguste* avec toutes ses voiles. Enfin, après lui avoir fait inutilement son signal de venir me parler, je fus contraint de lui lâcher un coup de canon de l'avant qui le fit carguer ses voiles. Les ennemis nous voyant réunis arrivèrent vent arrière et cessèrent le combat après avoir tiré chacun leur bordée à mon camarade. Cette distinction marquait assez l'estime qu'ils avaient de sa manœuvre. Je passe aussi légèrement qu'il m'est possible, sur l'ingratitude de cet officier que j'avais sauvé l'année précédente d'une escadre hollandaise ; je n'en parlerais même pas si je n'étais obligé de me justifier de n'avoir pas pris ces deux vaisseaux anglais qui ne m'auraient pas échappé, si j'avais été passablement secondé. La manœuvre des deux frégates ne fut pas plus estimable que celle du vaisseau *l'Auguste*. Bien loin de se tenir à portée de nous jeter du monde de renfort, si nous avions abordé les vaisseaux ennemis, comme c'était mon intention, elles s'éloignèrent de nous avec nos prises pour juger des coups en toute sûreté.

Après cette aventure, je me hâtai de retourner à Brest pour faire tomber le commandement du vaisseau *l'Auguste* à quelqu'autre officier de meilleure volonté; mais celui-ci trouva tant de protection auprès du commandant du port que je fus contraint de souffrir qu'il continuât de le monter pendant le reste de la campagne : il est vrai que nous la fîmes en compagnie du vaisseau du roi *le Protée*, commandé par M. de Rochefeuille, capitaine de beaucoup de réputation, aimant mieux servir sous les ordres d'un brave homme, que de commander à des gens sur qui je ne pouvais pas compter. Nous achevâmes cette campagne à l'entrée de la Manche sans faire aucune rencontre digne d'attention, et je revins relâcher à Brest.

Les vaisseaux *le Jason* et *l'Auguste* y furent carénés de frais et la frégate *la Valeur* étant achevée, mon jeune frère en prit le commandement. Nous établîmes notre croisière sur les Sorlingues et sur les côtes d'Angleterre; nous y trouvâmes les deux vaisseaux de guerre anglais *l'Élisabeth* et *le Chatham*, qui arrivèrent sur nous à dessein de nous combattre. Nous leur épargnâmes la moitié du chemin : je me présentai pour aborder le vaisseau *l'Élisabeth* du côté de bâbord; nos bordées de canon et de mousqueterie furent tirées à bout touchant; au milieu de la fumée son petit mât de hune vint bas, le grand feu qui sortait des deux vaisseaux m'empêcha de le voir tomber et fit que je ne pus modérer ma course assez à temps pour jeter mes grappins à bord de l'ennemi; ainsi je le dépassai malgré moi de la portée du pistolet : il profita de cette occasion, arriva par ma poupe et m'envoya sa bordée de tribord qui n'avait point tiré : j'arrivai en même temps que lui, et lui ripostant de la mienne, je le tins sous le feu continuel de ma mousqueterie et fis gouverner mon vaisseau de façon à ne pas manquer un second abordage. Le capitaine du vaisseau *l'Élisabeth* fit d'inutiles efforts pour m'éviter : je le serrai de si près que ne pouvant se dispenser d'être accroché et voyant tous mes officiers et mes soldats rangés sur le bord, prêts à sauter dans son vaisseau, son équipage prit l'épouvante, abandonna les postes et, n'osant soutenir l'abordage, baissa son pavillon après une heure et demie de combat.

Dès le commencement de l'action, les vaisseaux *l'Auguste* et *la Valeur* avaient aussi tiré leurs bordées de canon aux deux vaisseaux ennemis, et me voyant attaché opiniâtrement à *l'Élisabeth* s'étaient mis en devoir d'aborder *le Chatham*. Leurs efforts furent vains, le capitaine de ce dernier vaisseau avait eu la précaution de se tenir assez au vent de son camarade pour se dispenser d'être accroché, d'autant plus que son vaisseau allait mieux que les leurs et qu'il était le maître de combattre à telle distance qu'il voulait : sitôt qu'il vit *l'Élisabeth* rendu, il mit toutes ses voiles pour se sauver. Attentif à sa manœuvre, je le remarquai, étant bord à bord de *l'Élisabeth*, et comme mon vaisseau allait beaucoup mieux que ceux de mes camarades, je crus devoir les charger du soin de l'amariner, pour courir après le vaisseau *le Chatham* que je connaissais excellent. Je mis tout en usage pour le joindre et ne pus jamais l'approcher plus près que la portée de fusil; il fut même assez heureux pour n'être ni démâté ni désemparé de plusieurs bordées que je lui tirai, et l'ayant poursuivi et combattu jusqu'à la vue des côtes d'Angleterre, la nuit seule me fit cesser la chasse pour rejoindre mes camarades.

Le lendemain, il s'éleva une tempête qui nous sépara les uns des autres et qui mit le vaisseau *l'Élisabeth* en danger de périr sur les côtes de Bretagne. Cet orage s'étant apaisé, je rejoignis les vaisseaux *l'Élisabeth* et *l'Auguste* et nous fîmes voile ensemble pour nous rendre dans le port de Brest. Chemin faisant, nous découvrîmes sous le vent deux corsaires de Flessingue qui nous attendirent effrontément; je courus sur eux et ayant devancé mes camarades de deux lieues, je joignis le premier ces deux vaisseaux ennemis, qui restèrent en panne à une portée de fusil l'un de l'autre. Je jugeai à propos de donner en passant toute ma bordée de canon et de mousqueterie au plus fort des deux qui était de quarante canons et se nommait *l'Amazone*. J'espérais qu'il en aurait été démâté ou désemparé et que le laissant au vaisseau *l'Auguste*, qui s'avançait à toutes voiles. j'aurais pu rejoindre et réduire aisément son camarade, qui était de trente-six canons; mais le premier n'ayant pas été fort incommodé de ma bordée ces deux vaisseaux prirent aussitôt chasse l'un d'un côté et l'autre de l'autre, et je me trouvai dans le cas d'opter. Je revins sur le plus fort, commandé par un déterminé corsaire, qui se défendit comme un lion, pendant près de deux heures : il est vrai que dans le peu de temps que j'avais couru sur son camarade, il avait eu l'habileté de gagner une portée de fusil au vent, et par cette raison je n'étais pas en mesure de pouvoir l'accrocher. Le trop de confiance m'avait empêché de prendre les précautions nécessaires pour tenter ou soutenir l'abordage : cependant il eut l'audace d'arriver sur moi au milieu même du combat et de prolonger sa civadière en intention de m'aborder ou de me faire plier. A l'instant je fis cesser le feu de mon canon et de ma mousqueterie, et détachant au plus vite deux de mes sergents pour aller chercher des haches d'armes, des sabres, des pistolets et des grenades, je fis border mon artimon et pousser mon gouvernail à venir au vent afin de seconder le dessein qu'il avait pris de venir m'aborder. Cette manœuvre ralentit son ardeur et le porta à revenir tout d'un coup au vent : en sorte qu'il ne fit que toucher mon bossoir. Dans cette situation, je lui lâchai ma bordée de mousqueterie et de canons que j'avais fait charger à mitraille. Cette décharge fut suivie de trois autres, coup sur coup, qui, données à bout touchant, le démâtèrent de tous ses mâts et le rasèrent comme un ponton. Ce brave capitaine ne se rendit qu'à la dernière extrémité. Je le remarquai souvent dans le combat qui, le sabre à la main, se portait tête levée de l'arrière à l'avant de son vaisseau, essuyant une grêle de coups de fusil dont ses habits et son chapeau furent percés : aussi, me fis-je un véritable plaisir de le traiter avec toute la distinction que méritait sa valeur ; je suis même fâché d'avoir oublié le nom d'un homme aussi intrépide que j'aurais fait connaître au public.

Le vaisseau *l'Auguste*, ayant donné chasse un assez long temps à l'autre corsaire flessinguois et ne le pouvant joindre, revint avec le vaisseau *l'Élisabeth* se rallier à nous, et tous quatre, joints ensemble, arrivâmes en peu de jours dans la rade de Brest.

La frégate *la Valeur*, commandée par mon jeune

frère, s'étant séparée de nous par la tempête le lendemain de la prise du vaisseau *l'Élisabeth*, rencontra un corsaire de Flessingue aussi fort que lui d'équipage et de canon. Mon frère lui livra combat et l'ayant demâté d'un mât de hune et ensuite abordé, il s'en rendit maître après une défense opiniâtre. Il était occupé à faire raccommoder sa prise démâtée et à se rétablir du désordre où cet abordage l'avait mis, quand deux autres corsaires ennemis, attirés par le bruit du canon, fondirent tout d'un coup sur lui, le forcèrent d'abandonner la prise et le chassèrent jusque dans le port de Saint-Jean-de-Lus où il se réfugia. Il en sortit peu de temps après et prit un bon vaisseau anglais venant des Barbades chargé de sucre et d'indigo; il se mit en devoir de le conduire dans le port de Brest où il comptait me rejoindre et, chemin faisant, il eut le malheur de trouver un autre corsaire flessinguois qui lui livra combat pour le forcer à lui abandonner sa prise : Cependant, quoique l'équipage de la frégate *la Valeur* fût beaucoup diminué et qu'elle fût d'ailleurs la moitié moins forte en artillerie, mon frère soutint cette attaque, essuya deux abordages consécutifs sans plier et se comporta avec tant de fermeté et de prudence, qu'au rapport de tout son équipage, il aurait enlevé le corsaire si dans le dernier choc il n'eût pas été mortellement blessé d'une balle qui lui fracassa la hanche. Il reçut ce malheureux coup au moment même où le pont et le gaillard de ce Flessinguois étaient abandonnés et qu'une partie de l'équipage de la frégate *la Valeur* pénétrait à son bord. Ce funeste accident les fit se rembarquer et pousser au large de ce vaisseau, lequel n'eut jamais l'audace de revenir à la charge et de profiter de la consternation que ce malheur avait causé ; en sorte que mon pauvre frère, après avoir mis sa prise en sûreté, arriva mourant à Brest. Je courus à son vaisseau avec un empressement et une inquiétude extrême ; l'ayant fait mettre sur des matelas dans ma chaloupe, je le transportai moi-même à terre et lui fis donner tous les secours praticables. Mes soins et ma tendresse ne purent le sauver d'une blessure mortelle, il mourut peu de jours après avec une fermeté et une résignation parfaites.

C'est ainsi que la Parque inhumaine m'enleva deux frères l'un après l'autre. Le caractère d'honneur que je leur avais remarqué dans un âge si tendre promettait infiniment, et leur valeur m'aurait été d'une grande ressource dans toutes mes expéditions : je les aimais tendrement, et je demeurai d'autant plus accablé de la mort de ce dernier qu'elle réveilla dans mon cœur la touchante idée du premier qui avait expiré entre mes bras; ce triste souvenir, malgré le temps et la raison, me pénètre encore d'une douleur trés vive.

CHAPITRE IV

Adroite manœuvre pour échapper au Worcester. — Il est nommé capitaine de vaisseau. — Rencontre de la flotte du Brésil. — Combat acharné avec deux vaisseaux portugais. — Il se rend à Cadix; il est conduit en prison par ordre du gouverneur. — Il est nommé chevalier de Saint-Louis. — Abordage des vaisseaux *le Cumberland* et *le Royal Oak*. — Belle action d'un contremaître. — Il reçoit des lettres de noblesse. — Il tombe malade.

Dans ce même temps, il y avait dix-sept gros vaisseaux de guerre dans la rade de Brest, sous le commandement de M. le marquis de Coëtlogon, alors lieutenant général, et sur la nouvelle que les Anglais avaient formé, de tous leurs gardes-côtes rassemblés, une escadre de vingt et un vaisseaux de guerre qui barraient l'entrée de la Manche, ce général, plein de valeur et de zèle pour le service du roi, brûlait d'envie de mettre à la voile, et de les aller combattre. Cette occasion d'honneur suspendit mon affliction et me fit presser la carène de mes deux vaisseaux. L'activité avec laquelle je fis travailler, me mit bientôt en état d'aller offrir mes services à M. le marquis de Coëtlogon ; je lui témoignai que je me faisais un devoir et un plaisir sensible de pouvoir servir sous ses ordres dans une occasion où j'espérais me rendre digne de son estime, et que je l'attendrais tant et si longtemps qu'il le jugerait à propos. Ces offres furent reçues avec de grandes marques d'estime et de reconnaissance, mais cette bonne volonté demeura sans effet, par un conseil de guerre que tint là-dessus M. le maréchal de Chateaurenaud, dans lequel on jugea les ennemis supérieurs, et on décida de faire rentrer dans le port partie des vaisseaux qui composaient cette escadre. Cette résolution me fut annoncée par M. de Coëtlogon qui m'en parut mortifié, et je le fus extrêmement par l'intérêt que je prenais à la gloire des armes du roi qui auraient triomphé dans cette occasion. J'en puis parler savamment, ayant eu le malheur, quelque temps après, de tomber au milieu de l'escadre anglaise. Les vaisseaux qui la composaient, quoiqu'en plus grand nombre, étaient moins forts que ceux de M. le marquis de Coëtlogon. C'est le sort de presque tous les conseils qui ont été tenus dans la marine, de choisir le parti le moins honorable et le moins avantageux. En effet, dans les actions où le péril est grand et le succès incertain, c'est au commandant à décider sans assembler de conseil, et à courir les risques des bons ou des mauvais évènements; autrement la nature qui abhorre sa destruction suscite, dans l'esprit de la plupart des conseillers, tant de raisons plausibles sur les inconvénients à craindre que la plus forte voix l'emporte.

Quoi qu'il en soit, M. de Coëtlogon, n'étant pas le maître de suivre les mouvements de son courage, me pria de ne plus différer mon départ. Je mis à la voile avec les vaisseaux *le Jason* et *l'Auguste*. Deux jours après, étant à l'entrée de la Manche, nous découvrîmes pendant la nuit un vaisseau venant à l'encontre de nous qui passa entre nous deux. Nous revirâmes sur lui et le conservâmes; à la pointe du jour, je me trouvai à portée de fusil, un peu au vent et en arrière de lui, et mon camarade se trouva sous le vent à peu près à même distance Je reconnus aussitôt ce vaisseau pour *le Chatham* qui m'avait échappé lorsque *l'Elizabeth* fut pris. Le capitaine qui montait ce premier reconnut aussi mon vaisseau et se détermina tout d'un coup à revenir vent arrière : nous en fîmes autant et le tenant entre nous deux, cette situation pressante l'obligea de commencer le combat avec le vaisseau *l'Auguste* qui, de son côté, se mit à le canonner vivement. La crainte où j'étais que ce vaisseau ne m'échappât encore, m'avait fait coucher tous mes gens sur le pont, afin de le joindre plus vite et de l'aborder sans m'amuser à le canonner. J'en étais fort près quand la sentinelle cria du haut des mâts qu'il découvrait plusieurs vaisseaux venant à toutes voiles sur nous ; je pris mes lunettes d'approche et reconnaissant que c'était l'escadre anglaise, je revirai de bord sans balancement et fis signal au chevalier de Nesmond d'en faire autant, il tarda un peu à cause de la fumée qui l'empêchait de distinguer mon signal. Dès qu'il le vit, il revira de bord et laissa le vaisseau *le Chatham* incommodé au point d'être obligé de mettre à la bande. Nous prîmes chasse et mîmes toutes nos voiles au vent, mais cette escadre, composée des meilleurs vaisseaux d'Angleterre frais carénés, joignait à vue d'œil mon camarade que je ne voulais pas quitter, et l'affaire me paraissait sérieuse; je lui conseillai de jeter à la mer ses agrès, sa chaloupe, ses mâts et vergues de rechange, en un mot, de ne rien ménager pour sauver le vaisseau du roi.

Ces précautions furent vaines; les ennemis, qui apportaient le premier vent avec eux, nous joignirent vers les cinq heures à la portée du canon. Je reconnus, mais un peu trop tard, que mon secours était bien inutile contre un si grand nombre de vaisseaux qui tous allaient mieux que mon camarade et qu'il y avait de la folie à perdre deux vaisseaux au lieu d'un. Dans cette circonstance, je jugeai à propos de lui faire le signal de tenir un peu plus le vent, car j'avais remarqué que c'était la situation où il allait moins mal; de mon côté, je pris le parti d'arriver un peu davantage; mon idée en cela était que l'escadre ennemie ne voudrait pas se séparer par rapport à celle de M. de Coëtlogon qui aurait pu leur tomber sur le corps; ainsi, j'avais lieu de penser qu'un de nous se sauverait et peut-être tous les deux, si les ennemis prenaient le parti de s'attacher au *Jason* seul qui était un excellent vaisseau. Ce raisonnement fut déconcerté par leurs manœuvres ; six d'entre eux furent détachés sur le vaisseau *l'Auguste* et les quinze autres me poursuivirent. L'un d'eux, nommé *le Worçester* me joignit avec une vitesse extrême; à peine eus-je le temps de me disposer au combat et de ranger chacun dans son poste, que le vaisseau fut sur nous.

La précipitation avec laquelle mes gens se préparèrent fit que les canonniers de la première batterie n'ayant pas le temps de rattacher les avirons du vaisseau aux baux du second pont, en jetèrent une partie à la mer. La curiosité me prit de savoir le nom d'un vaisseau si surprenant, et avant de commencer le combat, je le lui fis demander par un interprète. La réponse que j'en reçus fut suivie de toute la bordée de canon et de mousqueterie tirée à bout portant. Tous ces coups donnèrent dans le corps de mon vaisseau, et la mer étant fort unie, j'aurais eu beaucoup de gens hors de combat si je n'avais eu la précaution de faire coucher tout l'équipage et les officiers, même sur le pont, avec ordre de se relever à mon premier signal, de pousser un cri de « Vive le roi » et de pointer, sans se presser, tous les canons les uns après les autres. Cet ordre fut exécuté et réussit, je n'eus que deux hommes tués et trois blessés, et de ma seule décharge je mis près de cent hommes sur le carreau dans le vaisseau *le Worcester*. Le désordre y fut si grand qu'il arriva vent arrière et ne revint de trois quarts d'heure; mais comme il était soutenu de plusieurs vaisseaux témoins de la manœuvre, il continua de me canonner dans la hanche sans oser revenir à mon travers. Sur ces entrefaites, le vent cessa et les ennemis, après m'avoir harcelé jusqu'à minuit, m'entourèrent de toutes parts et me laissèrent en repos. Ils étaient persuadés que je ne pouvais leur échapper et qu'à la pointe du jour ils se rendraient maîtres de mon vaisseau avec moins de risque et plus de facilité. J'en étais moi-même si bien convaincu que j'assemblai tous mes officiers et leur déclarai que ne voyant point d'apparence de sauver le vaisseau du roi, il fallait soutenir la gloire de ses armes jusqu'à la dernière extrémité; que la meilleure façon d'y procéder était d'essuyer, sans tirer, le feu de tous les vaisseaux qui nous environnaient, et d'aller aborder debout au corps le commandant de l'escadre, que je conduirais moi-même *le Jason* à son bord et que le pavillon du roi ne serait jamais baissé que par la main de ses ennemis ou que je périrais auparavant.

Mes deux principaux officiers parurent charmés de ma résolution, et tous unanimement assurèrent qu'ils périraient eux-mêmes avant de m'abandonner. Quand j'eus donné mes ordres pour rendre cette scène plus vive et plus brillante, je me crus plus tranquille et voulus prendre un peu de repos, mais je ne pus fermer l'œil et je revins sur mon gaillard où je regardais tristement les vaisseaux qui m'entouraient, entre autres celui du commandant, remarquable par trois feux à la poupe et un autre à sa grande hune. Au milieu de cette morne occupation, je crus m'apercevoir, une demi-heure avant le jour, qu'il se formait une noirceur à l'horizon par le travers de notre bossoir de tribord et que cette noirceur augmentait peu à peu ; je jugeai que le vent allait venir de ce côté-là et comme j'avais mes basses voiles carguées à cause du calme, je les fis appareiller sans bruit et orienter toutes les autres pour recevoir la fraîcheur qui s'avançait ; elle vint en effet et, trouvant mes voiles disposées à la recevoir, elle fit tout d'un coup aller mon vaisseau de l'avant. Les ennemis qui dormaient en sûreté et ne furent pas attentifs à prendre la même précaution, prirent tous vent devant et perdirent un temps considérable à revirer et à mettre toutes leurs voiles pour me rejoindre; cela me fit les éloigner d'une portée de canon; depuis ce moment le vent augmentant peu à peu, les ennemis n'eurent plus sur moi le même avantage qu'ils avaient eu. Le vaisseau *le Worcester* m'atteignit encore à portée de fusil, il se remit à me canonner dans la hanche, mais je lui ripostai si vivement que chaque bordée le rebutait.

Cette manœuvre dura jusqu'à midi, et *le Worcester* même commença à rester un peu en arrière de nous. Il est certain que nous nous regardâmes alors comme des gens ressuscités après avoir cru nous ensevelir sous les ruines de mon pauvre *Jason*. Je me prosternai pour en rendre grâces à Dieu, et continuai ma route pour aller relâcher dans le premier port de France, car j'avais été obligé de jeter à la mer toutes mes ancres, excepté une, avec mes mâts et vergues de rechange, afin de sauver le vaisseau du roi.

Echappé de ce danger, je trouvai, le lendemain, le corsaire flessinguois *le Paon*, je le poursuivis jusqu'à la vue de Belle-Ile, m'en rendis maître et le menai au port Louis. J'y trouvai trois vaisseaux du roi mouillés sous l'île de Groué, savoir *l'Elisabeth*, que j'avais pris la campagne précédente; *l'Achille* et *le Fidèle*, sous le commandement de M. de Riberté, qui n'attendait que le vent favorable pour se rendre à Brest. J'eus soin de prendre, au Port-Louis, une seconde ancre et un mât de hune de rechange, et comme j'avais donné rendez-vous à M. le chevalier de Nesmond, en cas que nous pussions échapper de l'escadre ennemie, je crus devoir m'y rendre et ne pas laisser un vaisseau du roi plus longtemps exposé à tomber au pouvoir des Anglais, d'autant plus qu'il n'allait pas bien et que leurs gardes-côtes s'étaient mis sur le pied de croiser au moins deux ou trois ensemble. Quelques envieux cependant voulurent me taxer de témérité et me blâmèrent hautement d'avoir remis en mer avec un vaisseau aussi délabré que l'était *le Jason;* il est vrai qu'il était fort maltraité dans ses œuvres mortes et que sa poupe était percée à jour; mais d'ailleurs il ne faisait pas d'eau et ses mâts étaient en assez bon état; ainsi ce délabrement de poupe ne pouvait que me causer personnellement un peu d'incommodité, chose que je sacrifiais avec plaisir à mon devoir.

Je mis à la voile avec les trois vaisseaux du roi qui s'en allèrent à Brest et les ayant quittés, je fus droit à mon rendez-vous; j'y croisai pendant quinze jours sans trouver le vaisseau *l'Auguste*, ce qui me parut d'un sinistre augure pour lui, mais je rencontrai à son défaut le Flessinguois *l'Amazone* que j'avais pris la campagne précédente et qu'un de mes amis avait armé dans le dessein de me joindre. Nous prîmes ensemble deux vaisseaux venant de Curaçao, il en conduisit un à Saint-Malo, et je me rendis avec l'autre dans le port de Brest. J'appris, en y arrivant, la prise du vaisseau *l'Auguste*, dont voici les principales circonstances.

J'ai marqué ci-devant que ce vaisseau, après avoir exécuté le signal que je lui avais fait de tenir plus le vent, avait été poursuivi par six vaisseaux détachés de l'escadre anglaise. L'un d'eux le joignit et lui livra combat à peu près dans le temps que je fus attaqué par le vaisseau *le Worcester*. Le chevalier de Nesmond se défendit à ma vue fort vigoureusement et le vent ayant cessé, il se servit de ses avirons qu'il avait conservé (car nous en avions chacun trente) pour s'éloigner des ennemis, il fut en cela favorisé du calme qui dura toute la nuit et, à la pointe du jour, il se trouva éloigné de cinq lieues des vaisseaux qui le chassaient; mais les vents s'étant élevés, ils le rejoignirent vers les trois heures du soir, le combattirent l'un après l'autre, le démâtèrent et finalement s'en rendirent maîtres le lendemain.

La frégate *la Valeur* eut le même sort, elle était sortie de Brest peu de jours après nous sous le commandement de M. de Saint-Auban, qui avait ordre de me joindre sur les parages que je lui avais marqués; mais il eut le malheur de trouver le vaisseau *le Worcester* qui l'atteignit, le désempara et s'en rendit maître.

Par la prise de ces deux vaisseaux il ne me restait que *le Jason*, tous les autres du port de Brest étaient employés pour le service du roi; je remis en mer avec ce vaisseau seul et fus croiser sur les côtes d'Espagne. Je pris d'abord un vaisseau anglais à l'entrée de la rivière de Lisbonne; de là m'étant posté à l'ouverture du détroit de Gibraltar, j'y trouvai deux frégates anglaises, elles me résistèrent trois quarts d'heure. Aussitôt qu'elles me virent à portée de pouvoir les aborder, elles se rendirent.

Chemin faisant pour les conduire à Brest, je pris à la hauteur de Lisbonne un vaisseau de cinq cents tonneaux chargés de poudre pour l'armée ennemie et finalement un cinquième que je trouvai sur le cap de Finistère. Je menai toutes ces prises à Brest.

J'armai, l'année suivante, le vaisseau *le Jason* et le flessinguois *le Paon*. Je reçus une lettre du roi qui m'ordonnait d'aller me jeter dans Cadix, qui était menacé d'un siége et d'y servir avec ces trois vaisseaux et leurs équipages, sous le commandement et les ordres du gouverneur de la place. Sa majesté avait eu la bonté de me faire capitaine de vaisseau à la dernière promotion (1705), et c'était pour moi un nouveau motif de redoubler de zèle pour son service.

Cependant le vaisseau *l'Hercule* tardant trop à se rendre à Brest, je mis à la voile pour l'aller chercher au Port-Louis, et, chemin faisant, je rencontrai le flessinguois *le Middelbourg*, je l'attaquai, m'en rendis maître et le menai au Port-Louis. Nous y trouvâmes le vaisseau *l'Hercule* mouillé sous l'île de Groué, et après avoir fait entrer *le Middelbourg* dans le port, nous mîmes tous les trois à la voile pour aller à notre destination.

Etant arrivés à la hauteur de Lisbonne, environ quinze lieues au large, nous découvrîmes une flotte de deux cents voiles venant du Brésil, escortée par six vaisseaux de guerre portugais, depuis cinquante jusqu'à quatre-vingts canons. Cette flotte occupait un très grand espace, et ayant remarqué un peloton de vingt navires marchands avec un des vaisseaux de guerre qui étaient trois lieues au vent et séparé du corps de la flotte, je compris que nous pourrions accoster ce peloton avec pavillon anglais, et avoir le temps d'aborder le vaisseau de guerre et quelques-uns des marchands avant qu'ils fussent secourus par la flotte.

La frégate *le Paon* était alors à quatre lieues loin de nous ; mais le temps était trop précieux pour l'attendre, il ne fallait pas donner de la défiance aux ennemis en temporisant davantage : je dis seulement au capitaine du vaisseau *l'Hercule* qu'il fallait couper ce peloton et que j'allais aborder le vaisseau de guerre, tandis qu'il prendrait le plus de navires marchands qu'il pourrait. En effet, nous arborâmes pavillon anglais et je m'avançai vers le vaisseau de guerre comme il était en panne à l'encontre de nous, je fis carguer mes basses voiles et faisant mettre mon pavillon blanc, je le rangeai sous le vent et lui fis tirer toute ma bordée. Le vaisseau, surpris, ne me répondit que de cinq ou six coups de canons, et le feu continuel de ma mousqueterie l'empêchant de mettre le vent dans ses voiles d'avant, j'eus le temps de revirer de bord sous mes deux huniers et de le prolonger pour exécuter mon abordage. Déjà mes grappins étaient prêts à l'accrocher quand le vaisseau *l'Hercule* vint passer à toutes voiles sous notre beaupré et tirant sa bordée peu nécessaire, il s'approcha si près de nous que pour éviter de nous briser tous les trois dans ce triple abordage, je fus contraint de mettre mes voiles sur le mât et ensuite d'arriver. Cet accident m'ayant fait manquer mon abordage, et l'ennemi ne faisant plus aucune résistance, je crus qu'il n'y avait pas d'inconvénient à laisser amariner ce vaisseau par mon camarade, d'autant plus que j'allais bien mieux que lui et que je pouvais joindre plus vite quelqu'un de ces vaisseaux marchands avant qu'ils fussent secourus. Cependant, dès les premiers coups que j'avais tirés, ils étaient tous arrivés vent arrière sur la flotte, et, d'un autre côté, les vaisseaux ennemis venaient à toutes voiles les secourir, en sorte que je me trouvai à portée de canon de ces derniers avant de pouvoir atteindre un seul vaisseau marchand. Pour comble d'infortune, mon camarade, au lieu d'aborder le premier vaisseau ennemi et de lui jeter promptement quelques-uns de ses gens pour s'en emparer, crut mieux faire d'y envoyer sa chaloupe, mais l'équipage de ce vaisseau ennemi, étant revenu de son premier trouble, tira quelques coups de fusil sur cette chaloupe pour l'empêcher d'aborder ; en effet M. Druis fut obligé de la faire revenir et se mit à le canonner si vivement qu'il hacha en pièces sa mâture, de manière qu'après y avoir renvoyé sa chaloupe, le mât de misaine de ce vaisseau tomba. Pendant tout ce temps-là, j'étais occupé à combattre de loin les autres vaisseaux de guerre portugais et à les retarder en les obligeant de me canonner de même; à la fin, jugeant qu'il s'était passé un temps suffisant pour bien amariner le vaisseau pris, je revirai de bord sur lui et fis préparer un câblot pour le prendre sur le champ à la remorque. Ma surprise fut extrême en apprenant de M. Druis qu'il avait été contraint de l'abandonner, parce qu'il allait incessamment couler bas, que même il avait eu beaucoup de peine a en pouvoir tirer ses gens. Lorsqu'il me tint ce discours, le jour allait finir et les autres vaisseaux de guerre n'étant plus qu'à portée de fusil de nous, le mal était sans remède, et je ne pus me dispenser d'ajouter foi à tout ce qu'il me disait.

Je conservai toute la nuit cette flotte et, dès que le jour parut, je vis encore le vaisseau pris la veille, qui, bien loin d'avoir coulé, s'était remâté avec des mâts de hune et placé en ligne avec les autres. Cela m'engagea à faire venir M. Druis à mon bord avec deux de ses principaux officiers, pour savoir si, en retirant ses gens du vaisseau portugais, il ne s'était pas assuré du capitaine ou de quelqu'un des officiers. Il me répondit qu'il avait été si pressé de sauver son équipage à cause de l'approche des autres vaisseaux de guerre et de l'impatience qu'il avait de venir me seconder, qu'il n'avait pas pensé à retirer des prisonniers, d'autant plus qu'on lui assurait que le vaisseau allait couler dans un instant.

Je compris à son discours que la cause de ce malheur venait du pillage que ses matelots avaient fait, et que ces coquins voyant cette prise démâtée d'une part, et de l'autre, que ses camarades accouraient à son secours, avaient eu peur de tomber au pouvoir des ennemis avec leur butin, et, pour s'en garantir, s'étaient écriés que le vaisseau allait couler et qu'il n'y avait pas de temps à perdre pour les sauver. Du reste, M. Druis m'ayant paru dans la bonne foi, je voulus lui procurer l'occasion de réparer ce malentendu par une action éclatante, et, dans cette vue, je lui ordonnai d'aller aborder *le Commandant* portugais, parce que je me chargeais de le couvrir du feu de tous les autres vaisseaux, tandis qu'il exécuterait son abordage, mais que, pour y réussir, il fallait faire coucher tous ses gens sur le ventre, et ne pas tirer un seul coup que ses grappins ne fussent jetés de l'avant à l'arrière, lui conseillant de nommer, pour sauter à bord, la moitié de ses officiers, le tiers de ses soldats et de ses manœuvriers avec deux hommes de chaque canon, afin que les postes se trouvassent passablement garnis ; que d'ailleurs j'allais donner ordre à M. de la Faille, capitaine de la frégate *le Paon*, de venir aborder le vaisseau *l'Hercule* sitôt qu'il le verrait accroché au *Commandant* portugais, et de lui jeter tout son équipage pour remplacer ceux qui sauteraient à bord, et le remettre, par ce renfort, en état de combattre comme auparavant ; qu'enfin, moyennant ces précautions, j'étais moralement sûr qu'il enlèverait ce gros vaisseau dont l'entrepont était tout embarrassé de marchandises et dont l'équipage, composé de différentes nations, était peu aguerri : Je fis en même temps voir à M. Druis que si je ne me chargeais pas d'aller à l'abordage, c'est parce que la manœuvre que j'avais à faire pour le couvrir était la plus difficile et même la plus dangereuse, mais que je comptais qu'il me rendrait le même service sitôt qu'il aurait enlevé ce vaisseau et qu'il me couvrirait, à son tour, quand j'irais en aborder quelqu'un des autres.

Enfin ces précautions étant prises et tous les ordres donnés, nous arrivâmes sur les vaisseaux de guerre portugais qui nous attendaient en ligne au vent de leur flotte. Nous essuyâmes sans coup tirer leurs premières bordées, et M. Druis aborda *le Commandant* de 80 canons avec toute l'audace et la valeur possible, il jeta ses grappins à son bord et lui donna dans le ventre toute sa bordée de canon chargée à double charge, et de mousqueterie, et de grenade, qui jetèrent la mort et la terreur dans ce grand vaisseau ; il est hors de doute qu'il aurait été enlevé d'emblée si M. Druis avait observé autant d'attention à sa manœuvre qu'il avait marqué d'intrépidité ; mais *le Commandant* ennemi avait fait servir ses voiles d'avant, appareillé sa civadière et sa misaine, et pousser son gouvernail à arriver un instant avant d'être accroché. Ainsi ces deux vaisseaux liés ensemble prirent lof pour lof en l'autre bord, de manière que le vent prit sur toutes les voiles des Portugais, et se conserva dans celles du vaisseau *l'Hercule* ; conséquemment les voiles de l'un étant à courir de l'avant, et celle de l'autre à caler, les grappins rompirent, et les vaisseaux se séparèrent avant de pouvoir sauter à l'abordage. J'étais sous le vent à portée de pistolet, et leur criais de toutes mes forces de se brasseyer leurs voiles ; mais, dans la confusion d'un abordage, je n'étais pas entendu, et d'ailleurs j'étais assez occupé à combattre les deux matelots du *Commandant* qui ne m'épargnaient pas. Cependant, voyant cet abordage manqué et que le gros vaisseau était si en désordre qu'il ne tirait presque plus, je tentai de l'aborder, et je ne pus y réussir parce que je me trouvai un peu trop sous le vent. D'un autre côté, M. de la Faille, qui s'était présenté pour jeter son équipage à bord du vaisseau *l'Hercule*, voyant qu'il avait débordé, retint le vent et se démêla comme il put de tous ces vaisseaux, au moindre desquels il n'était pas capable de prêter le côté.

Le vaisseau *l'Hercule*, se trouvant désemparé, s'écarta pour se rétablir et, faisant de la voile, passa par le travers des deux vaisseaux qui le maltraitèrent plus que n'avait fait son abordage. Dans cette situation, je restai au milieu des ennemis ; toutes mes voiles et mes manœuvres étaient hachées, et le vent ayant cessé, mon vaisseau avait de la peine à gouverner : heureusement les vaisseaux portugais avaient encore moins de facilité à se remuer par rapport à leur pesanteur : l'un deux n'avait pu, comme les autres, revirer sur son *Commandant*, et était resté en panne assez loin de ses camarades. Je trouvai le moyen de revirer sur lui à l'aide de mes avirons, dans la vue de le doubler au vent et de l'aborder ; mais toutes mes manœuvres étant occupées, il me fut impossible de le ranger plus près que la demi-portée de fusil sous le vent, et comme j'avais beaucoup de gens hors de combat et que mon vaisseau était fort maltraité, je lui donnai une bordée en passant, et continuai ma route pour me tirer hors de portée des autres vaisseaux qui me canonnaient sans cesse. Dès que j'en fus débarrassé, je fis signal à *l'Hercule* et au *Paon* de se rallier, ils obéirent, et M. Druis me présenta les raisons qui l'avaient obligé de s'écarter, et qu'il n'était pas en état de recommencer, ayant beaucoup de monde hors de combat. Je lui répondis qu'il fallait faire un dernier effort et que les ennemis étant plus maltraités que nous, j'étais déterminé à les poursuivre jusqu'à l'extrémité. Je ne tardai pas à arriver sur eux, et les vaisseaux *l'Hercule* et *le Paon* me suivirent sans balancer.

Nous commencions à découvrir les côtes de Portugal, et les vents ayant augmenté, toute la flotte s'efforçait d'entrer avant la nuit dans la rivière de Lisbonne. La vitesse de mon vaisseau me fit gagner deux lieues sur mes camarades, et joindre, vers la fin du jour, les vaisseaux de guerre portugais qui étaient restés de l'arrière pour couvrir leur flotte. Ils étaient si rebutés du combat, et si fort incommodés, qu'ils abandonnèrent le vaisseau de guerre qui avait été dématé et pris le jour précédent. J'étais prêt à le prolonger comme la nuit se fermait, et j'avais mis ma chaloupe à la mer pour l'amariner quand je découvris le brisant des écueils nommés Arcacthophas à portée de fusil sous le vent : le vaisseau démâté près duquel j'étais toucha dessus, et fut s'échouer entre le fort de Cascais et de Saint-Julien. A peine eus-je le temps de revirer tout d'un coup en l'autre bord et d'empêcher mon vaisseau de faire naufrage sur les brisants.

C'est ainsi que par une infinité de circonstances malheureuses, je perdis une des plus belles occasions de ma vie. La Providence, qui me destinait à d'autres travaux, ne voulut pas m'enrichir par la prise de ce vaisseau, qui était d'une valeur immense ; elle permit d'abord qu'il fût abandonné légèrement et ensuite qu'il s'échouât sur les brisants dans le moment que j'étais sur le point de le prendre une seconde fois : il semble que la volonté de l'Être suprême se fût manifestée au milieu même du combat ; trois boulets consécutifs me passèrent entre les jambes, mon habit et mon chapeau furent percés de plusieurs balles de fusil, et je fus légèrement blessé de quelques éclats : partout où je portais mes pas les boulets venaient m'y chercher :

j'avoue que leur répétition importune me força d'y faire attention et que je me dis dans ce temps-là: « Tous tes efforts sont inutiles, le danger qui te suit avec tant d'opiniâtreté doit te faire sentir que c'est en vain que tu te roidis contre les décrets de la Providence. » Mais comme de pareilles idées paraissaient souvent ridicules à de certains esprits forts, cela ne m'empêcha pas de poursuivre les ennemis avec autant d'activité que si j'avais été sûr du succès.

Après ce malheureux évènement, je rejoignis mes deux camarades et nous fîmes route pour nous rendre à Cadix (1), suivant l'ordre que j'en avais, du roi. Le marquis de Valdecagnas, parut fort aise de notre arrivée, et il me chargea du soin de garer les pontons. Je fis entrer nos trois vaisseaux en dedans, et disposai les canonniers et matelots nécessaires à servir l'artillerie des deux forts de l'entrée, faisant travailler le reste de nos équipages à mettre en bon état la batterie de Saint-Louis qui n'était pas achevée. J'ajoutai à ces précautions celle d'avoir

(1) Une des villes les plus commerçantes de l'Espagne ; elle a une rade immense.

des chaloupes armées de soldats, toutes prêtes à m'en servir en cas de besoin, et je fis armer sur mon crédit, le gouverneur ne voulant point donner de fonds, un vaisseau que je fis équiper en brûlot par mes canonniers ; en un mot, je n'omis rien de tout ce qui pouvait assurer les postes qui m'étaient confiés. J'assistai aussi à tous les conseils que tenait le marquis de Valdecagnas.

J'appris cependant qu'il n'y avait pas dans Cadix pour quinze jours de vivres, quoique le gouverneur eût, sous ce prétexte, exigé de fortes contributions de tous les négociants, et je crus qu'il était de mon devoir de lui représenter, avec fermeté et respect, la nécessité d'y pourvoir incessamment pour n'être pas exposés, faute de vivres, à rendre la place à l'armée navale ennemie qui était arrivée sur les côtes du Portugal. Mes représentations réitérées lui déplurent très fort; aussi profita-t-il du premier prétexte qu'il trouva de me mortifier ; il le fit même contre la règle et le respect qu'il devait au roi; il sera aisé d'en juger par le récit que je ferai incessamment.

Dans ce temps-là, à peu près, on reçut à Cadix des nouvelles de Lisbonne touchant mon dernier combat avec la flotte portugaise. Elles disaient que le marquis de Sainte-Croix, commandant cette flotte, avait été tué et la plus grande partie de ses officiers et équipages mis hors de combat, que cinq de ses vaisseaux de guerre étaient entrés à Lisbone fort délâbrés, et que le sixième avait échoué entre les forteresses de Cascais et de Saint-Julien, mais qu'on avait sauvé partie de ses effets. On ajoutait que ce dernier vaisseau, revenant de Goa, avait passé au Brésil et s'était joint à la flotte; qu'il était riche de plus de deux millions de piastres, et que le pillage fait par le vaisseau *l'Hercule* était estimé à deux cent mille livres, que même il était resté dans le Portugais quatorze matelots français que l'on n'avait pas retirés par trop de précipitation : lesquels avaient été mis dans des cachots en arrivant à Lisbonne. On apprit aussi, par la même voie, que l'armée navale des ennemis s'était retirée de dessus les côtes et qu'il n'y avait pas d'apparence qu'elle pût désormais entreprendre le siége de Cadix.

Sur ces nouvelles, je pris l'agrément du marquis de Valdecagnas, pour sortir nos vaisseaux des pontals, et ayant appris que dans le port de Gibraltar il y avait six autres navires chargés de vivres et de munitions pour l'armée ennemie, je m'offris d'aller les brûler avec le brûlot (1) que j'avais fait équiper à mes dépens, et je l'aurais exécuté d'autant plus aisément qu'ils n'étaient soutenus d'aucun vaisseau de guerre ; mais le gouverneur de Cadix, auquel le roi m'avait ordonné d'obéir, ne voulut jamais me le permettre, malgré mes prières et mes instances réitérées jusqu'à l'importunité.

Quand nos vaisseaux furent mouillés dans la rade de Cadix, j'ordonnai, pour éviter toutes discussions avec les Espagnols, que nos chaloupes, allant à terre, ne seraient point armées, et qu'il y aurait seulement un officier pour en contenir l'équipage ; mais il arriva que les barques de la douane, abusant de ma bonne volonté, insultèrent nos chaloupes à diverses fois, et les visitèrent contre le droit de la nation française. J'en fis mes plaintes au gouverneur, par le capitaine de M. Renaud, lieutenant général des armées du roi d'Espagne résidant à Cadix, le priant d'en faire punir

(1) Bâtiment rempli de matières enflammables, pour brûler les vaisseaux ennemis.

les auteurs et d'y mettre ordre pour l'avenir, puisque je ne pouvais et ne devais souffrir qu'on donnât atteinte au privilége de la nation, et qu'on insultât des vaisseaux du roi employés par son ordre au service des Espagnols. Le gouverneur négligea d'y remédier, puisque, deux jours après, une barque de la douane insulta de rechef la chaloupe du vaisseau *l'Hercule* et en maltraita l'officier qui voulut s'opposer à sa visite. M. Druis, capitaine de ce vaisseau, vint, à huit heures du soir, m'en porter ses plaintes et représenter qu'ayant l'honneur de commander dans la rade de Cadix pour le service des deux rois, il était de mon devoir d'envoyer sur le champ arrêter cette barque et d'en demander hautement justice. J'eus la précaution de me faire rendre compte par les officiers et par les gens de la chaloupe des circonstances de cette insulte, et les ayant trouvées très graves, je détachai deux chaloupes sous le commandement de M. de la Faille pour aller arrêter cette barque, lui recommandant expressément de ne point tirer et de n'user d'aucune violence qu'à la dernière extrémité. Cette barque se mêla parmi d'autres et il eut de la peine à la trouver; à la fin, l'ayant démêlée, il s'avança pour l'arrêter : aussitôt elle prit chasse et tira la première des coups de pierriers et de fusil sur nos chaloupes. Deux de nos soldats en furent tués et deux autres blessés : M. de la Faille eut le devant de son habit emporté d'un coup de pierrier ; et, voulant accomplir mes ordres, il aborda cette barque, s'en rendit maître et la conduisit à bord de mon vaisseau. Cet abordage ne se put faire sans effusion de sang ; les Espagnols tirant à toute outrance sur nos gens, ceux-ci ne purent être retenus, leur tuèrent trois hommes, en blessèrent deux que je fis panser par nos chirurgiens.

Le lendemain, je descendis à terre avec M. Druis et M. de la Faille pour rendre compte de cet accident au gouverneur et lui en demander justice. Bien loin de vouloir m'entendre, il me fit arrêter dans son antichambre, par le major, et conduire en prison à la cour de Sainte-Catherine. M. Renaud, averti d'un procédé aussi étonnant, courut lui en représenter les conséquences, et, le trouvant mal intentionné, dépêcha un exprès au marquis de Villadaria, gouverneur de l'Andalousie, pour le prier de venir en arrêter les suites. En effet, il se rendit le lendemain à Cadix, et, dans le conseil assemblé à ce sujet, il fut décidé que l'armée ennemie s'étant retirée de Cadix, n'ayant plus besoin du secours de nos vaisseaux, on me ferait sortir de prison et que je pourrais mettre à la voile quand bon me semblerait; cela fut exécuté et l'on me conduisit à bord de mon vaisseau. J'y arrivai le cœur irrité de l'inique procédé du gouverneur en récompense de tous les soins et des tracas que je m'étais donnés avec autant de zèle que si j'avais été personnellement chargé de conserver la place; mais j'étais consolé dans l'espérance que le roi en tirerait une satisfaction authentique quand il serait bien informé de ma conduite. En effet, Sa Majesté s'en étant fait rendre compte, exigea du roi d'Espagne que le gouvernement de Cadix serait ôté à M. de Valdecagnas, et même celui de l'Andalousie au marquis de Villadaria, son beau-père, pour s'être donné la liberté d'écrire là-dessus en des termes peu respectueux envers Sa Majesté.

Impatient de quitter cette terre ingrate, je mis à la voile dès le lendemain, et, chemin faisant pour me rendre à Brest, je découvris une flotte de quinze vaisseaux anglais escortée par la frégate de guerre *le Gaspard*. Je fis signal à mes camarades de donner dans la flotte et j'allai aborder *le Gaspard*. Celui qui le commandait se défendit très valeureusement et soutint l'abordage autant qu'il lui fut possible. M. des Possières, officier plein d'ardeur, qui était mon capitaine en second, y fut tué et un autre officier blessé. Nous prîmes douze autres vaisseaux de cette flotte et les conduisîmes à Brest.

Le roi ayant bien voulu me nommer chevalier de Saint-Louis, je me rendis à Versailles pour avoir l'honneur de recevoir l'accolade de la main de ce prince. Il parut satisfait de mes services et m'accorda six vaisseaux. Je pris congé de Sa Majesté, et m'étant rendu à Brest, je choisis les commandants de ces vaisseaux. Je mis à la voile et nous fûmes nous placer à la hauteur de Lisbonne, au-devant de la flotte du Brésil qu'on y attendait : je ne fus pas assez heureux pour la trouver ; je pris seulement deux vaisseaux assez riches venant du détroit. De là, m'étant porté à l'entrée de la Manche, j'y pris quatre vaisseaux anglais chargés de tabac, avec lesquels je fus relâcher à Brest.

Après y avoir fait caréner nos vaisseaux, je remis à la voile en compagnie d'une escadre de six vaisseaux commandée par M. le chevalier de Forbin; j'en avais six autres sous mes ordres.

Etant tous arrivés à l'ouverture de la Manche, j'allais me séparer de M. de Forbin, et déjà j'en étais éloigné de quatre lieues quand je m'aperçus qu'il changeait de manœuvre et de route. Je compris qu'il avait fait quelques découvertes, et, courant de ce côté, j'eus connaissance d'une flotte de deux cents voiles qu'il poursuivait. Je continuai de m'approcher de ce général pour prendre ses ordres; mais ayant vu qu'il avait mis pavillon de chasse, je mis toutes voiles dehors et devançai son escadre de plus d'une lieue. Je n'étais plus qu'à une bonne portée de canon de cette flotte, quand M. de Forbin s'avisa, au grand étonnement de tous, de mettre en travers et de prendre un ris dans ses huniers, dans un moment où nous aurions pu porter perroquets. Un esprit de subordination me fit malgré moi imiter cette manœuvre, qui seule était capable de nous empêcher de détruire cette importante flotte chargée de troupes et de munitions pour les armées de Portugal; elles étaient rassemblées dans un peloton sous le vent de cinq gros vaisseaux de guerre qui nous attendaient rangés sur une ligne. Ils nous prenaient d'abord, à ce qu'ils nous ont avoué, pour un troupeau de corsaires rassemblés dont ils ne faisaient pas grand cas ; mais sitôt que nous mîmes en travers, ils virent que nous étions de bons vaisseaux de guerre et firent signal aux vaisseaux de leur flotte de se sauver chacun de son côté.

Impatient de ce que M. de Forbin ne se pressait pas d'arriver sur les ennemis et voyant qu'il était près de midi, je mis le vent dans les voiles et fis signal à tous les vaisseaux de mon escadre de venir me parler les uns après les autres.

Mes ordres étant donnés, j'arrivai sur les ennemis ; j'essuyai d'abord sans tirer la bordée du vaisseau *le Chester*, ensuite celle du *Cumberland*, que j'eus le bonheur d'aborder avantageusement ; je lui mis adroitement son beaupré dans mes grands haubans, (1) et toute mon artillerie le labourant de l'avant à l'arrière, ses ponts et ses gaillards furent dans un instant jonchés de corps morts ; aussitôt la Faille, mon fidèle compagnon d'armée, s'avança avec *la Gloire* pour m'aborder, et ne le pouvant

---

(1) Hauban est le nom générique des cordages servant à étayer des objets posés dans une situation verticale.

faire que très difficilement à cause de la situation de mon abordage, il eut l'audace d'aborder le vaisseau *le Cumberland* de long en long ; il est vrai qu'il rompit son beaupré sur ma poupe, tandis que l'ennemi rompit le sien dans mes grands haubans : alors ceux de mes gens que j'avais destinés à l'abordage, s'efforcèrent de pénétrer à son bord, et très peu y réussirent par rapport à son beaupré rompu qui en rendait l'approche très dangereuse ; mais quelques officiers, sur la frégate *la Gloire*, entrèrent des premiers dedans, à la tête de quelques vaillants hommes, et, m'ayant fait signe de ne plus tirer, le pavillon anglais fut baissé ; aussitôt je fis cesser le feu de ma mousqueterie, empêchant qu'il ne sautât un plus grand nombre de mes gens à bord, et faisant pousser vite au large pour aller secourir ceux qui en auraient besoin.

Le chevalier de Beauharnais aborda *le Royal oak* avec son équipage : *l'Achille* s'étant présenté pour sauter à l'abordage, il était prêt à l'enlever si un malheureux accident n'eût pas mis le feu à ses gargousses de poudre, qui firent sauter ses ponts et ses gaillards et périr plus de cent hommes. Ce contre-temps le força de pousser au large, afin d'éteindre cet embrasement et de réparer ce désordre, et donna le temps au vaisseau *le Royal oak* de s'enfuir avec son beaupré rompu.

Sitôt que j'eus fait pousser au large du vaisseau *le Cumberland*, j'examinai la face du combat, et ma première idée fut de courir sur *le Royal oak*, qui s'enfuyait en très mauvais état et dont je me serais rendu maître fort aisément. Mais je vis que M. le chevalier de Touroure avec son vaisseau osait attaquer *le Devonshire*, et suivi du vaisseau *le Salisbury*, s'avançait pour l'aborder avec une intrépidité merveilleuse ; je remarquai même qu'il avait déjà brisé son beaupré sur la poupe de ce gros vaisseau, dont le feu supérieur et l'artillerie formidable hachaient en pièces ces deux pauvres vaisseaux. Cet exemple de valeur me toucha, je volai sans tarder au secours de ce brave chevalier dans la résolution d'aborder de long en long *le Devonshire*, j'avais déjà prolongé ma civadière, (1) et j'étais sur le point de l'accrocher, quand il sortit de sa poupe une fumée si épaisse que la crainte de brûler avec lui me le fit combattre à portée de pistolet, jusqu'à ce

---

(1) Voile carrée du mât de beaupré.

qu'il eût éteint cet embrasement. Dans cette attente, j'en essuyai pendant trois quarts d'heure un feu si terrible de canon et de mousqueterie qu'il me mit près de trois cents hommes sur le carreau; enfin, désolé de voir tous mes gens périr l'un après l'autre, je me déterminai à l'aborder et fis en même temps pousser mon gouvernail à bord : déjà nos vergues commençaient à se croiser, lorsque le sieur de Brugnon, l'un de mes lieutenants, accourut et me fit remarquer que le feu qui s'était fomenté dans la poupe du *Devonshire* se communiquait à ses haubans et à ses voiles; je détachai aussitôt des officiers mariniers pour aller sur le bout des vergues couper avec des haches mes manœuvres qui s'embarrassaient avec celles de l'ennemi : je fis changer la barre de mon gouvernail et appareiller ce qui me restait de voiles; à peine étions-nous éloignés de la portée d'un pistolet l'un de l'autre, que le feu prit de l'arrière à l'avant de ce vaisseau avec tant de violence qu'en moins d'un quart d'heure il fut consommé, et tout son équipage périt au milieu des flammes. Trois de ses matelots seulement se trouvèrent dans mon vaisseau, sans que j'aie pu savoir comment ils y étaient entrés; ils m'assurèrent qu'il avait péri plus de neuf cents hommes dans ce vaisseau qui portait, outre son équipage, deux cent cinquante soldats ou passagers.

Après ce sanglant combat, mon vaisseau resta en si pauvre état que je fus deux jours sans pouvoir remuer. Le corps du vaisseau, les mâts, les voiles, les manœuvres, tout était haché. Je demeurai en cette situation, ignorant ce que les autres vaisseaux étaient devenus : chacun d'eux avait pris le parti de se rallier ou de poursuivre les débris de cette flotte ; je savais seulement que le vaisseau *le Royal oak* s'était échappé, ayant remarqué que M. de Forbin n'avait pas jugé cette conquête digne de son attention.

Avant de terminer la relation de ce combat, je ne dois pas oublier l'action d'un de mes contre-maîtres, qui sauta le premier à bord du vaisseau *le Cumberland*, par dessus son beaupré rompu et qui pénétra à son pavillon pour le baisser : il était occupé à une manœuvre quand il vit quatre soldats anglais, qui s'étaient tenus ventre à terre, s'avancer sur lui le sabre haut. Dans ce péril imprévu, il conserva assez de jugement pour jeter à la mer le pavillon anglais et pour s'y jeter ensuite lui-même ; il eut aussi la présence d'esprit de ramasser le pavillon dans l'eau et de gagner à la nage une chaloupe que *le Cumberland* avait à la remorque ; il en coupa le câblot (1) et arriva vent-arrière par le moyen d'une voile qu'il trouva dedans. Dans cet équipage, il se rendit à bord du vaisseau *l'Achille*, qui était resté en travers sous le vent pour le rétablir du désordre où son abordage l'avait mis.

Le pavillon dont je parle ici fut porté à Notre-Dame, à Paris, avec ceux des autres vaisseaux de guerre anglais, et sur le compte que je rendis au roi de cette action, Sa Majesté voulut en récompenser l'auteur d'une médaille d'or et faire maître d'équipage ce vaillant homme ; il s'appelait Honorat Toscan. Plus tard, il fut pris par les Anglais. Ceux-ci, pleins de ressentiment de sa belle action au sujet du *Cumberland*, lui firent lâchement essuyer mille outrages et cruautés quand ils l'eurent à leur disposition et après avoir reconnu qu'il n'était que contre-maître. Je n'ai pas voulu passer

---

(1) Sorte d'amarre destinée à fixer le navire.

sous silence la récompense que ce brave soldat reçut du roi afin d'entretenir l'émulation, et de faire voir au public que ce prince ne laissait jamais une action de valeur dans le moindre de ses sujets sans la reconnaître par quelque grâce.

Tous les vaisseaux de mon escadre et celle de M. de Forbin arrivèrent deux jours avant moi dans la rade de Brest avec les vaisseaux anglais *le Cumberland*, *le Chester* et *le Rubis*. Plusieurs autres de cette flotte furent pris par la frégate *l'Amazone* ou par des corsaires qui se trouvèrent à portée de profiter de cette déroute et furent conduits en différents ports de Bretagne. M. de Forbin dépêcha à son arrivée M. le chevalier de Touroure pour en porter la nouvelle au roi ; j'appris, dans la suite, que ce dernier m'avait rendu, auprès de Sa Majesté, toute la justice que je pouvais attendre d'un caractère aussi généreux que le sien ; je la lui rendis aussi toute entière quand j'eus le bonheur d'entretenir le roi, à mon tour, sur les circonstances de cette action. Cependant, M. de Pontchartrain m'écrivit de la part de Sa Majesté pour me marquer la satisfaction qu'elle avait de mes services, en considération desquels elle voulut bien m'accorder une pension de mille livres sur son trésor royal. J'eus l'honneur de l'en remercier très humblement, mais je lui demandai en grâce de faire tomber cette pension à M. de Saint-Auban, mon capitaine en second qui, ayant eu la cuisse emportée à l'abordage du *Cumberland*, en avait plus besoin que moi ; j'ajoutai que je me trouvais trop récompensé si je pouvais, par mes très humbles supplications, obtenir l'avancement des braves officiers qui m'avaient secondé ; mais que si le roi me jugeait digne de quelque grâce particulière, j'espérais qu'il voudrait bien m'accorder des lettres de noblesse pour mon frère aîné et pour moi, puisque c'était à son secours que je devais tout ce que j'avais fait d'estimable, et l'honneur que j'avais d'être connu de Sa Majesté.

M. de Pontchartrain trouva quelque difficulté à m'obtenir cette faveur, ou plutôt il jugea à propos de me la réserver pour l'avenir, croyant que cet objet me rendrait encore plus ardent ; mais je n'avais pas besoin d'être aiguillonné, et le désir que j'avais de servir mon pays et de mériter les bontés du roi, était plus capable de m'enflammer que toutes les récompenses. Aussi, n'était-ce qu'en faveur de mon frère, à qui j'avais de grandes obligations, que je m'étais porté à demander cette faveur sur laquelle je n'insistai pas. Cependant, je crus devoir me rendre auprès de Sa Majesté pour lui représenter de vive voix les services des braves qui s'étaient distingués sous mes ordres. En effet, elle eut la bonté d'en avancer plusieurs.

Ce fut alors qu'ayant entretenu le roi sur le détail de mon dernier combat, je profitai avec empressement de cette occasion pour lui faire connaître toute la valeur de M. le chevalier de Touroure; je lui fis une peinture si vive de l'intrépidité de cet officier que Sa Majesté, se tournant vers M. de Buscas, lui demanda si son ami feu Ruyter en aurait fait autant. Il répondit qu'on ne pouvait rien ajouter au portrait que je faisais du mérite et de la bravoure du chevalier de Touroure, et qu'il n'en était pas surpris, ayant connu deux de ses frères dans les armées de terre qui n'étaient pas moins valeureux que celui-ci. M. le maréchal de Villars, qui se trouva présent, ajouta là-dessus des particularités de leurs services très avantageuses et qui faisaient connaître que la valeur et la probité étaient héréditaires dans la maison de Touroure; on peut encore y joindre la modestie, car je n'ai vu de ma vie un guerrier si intrépide et en même temps plus modeste que le chevalier de Touroure.

J'ai été bien aise de rapporter ces circonstances pour faire connaître que l'émulation entre gens d'honneur ne les empêche pas de se rendre réciproquement justice avec une satisfaction intérieure que les faux braves ne connaissent pas.

La jalousie est indigne d'un grand cœur. Duguay-Trouin s'honore en parlant avec éloge de ceux qui ont combattu sous ses ordres et en faisant valoir leur conduite. Sur cette terre il y a place au soleil pour tout le monde, et les louanges qu'on donne à nos émules ne diminuent en rien nos mérites.

Au mois de juin 1709, le roi, satisfait de la continuation de mon zèle, se porta de lui-même à nous accorder, à mon frère et à moi, des lettres de noblesse des plus distinguées. Les services de mon frère et une partie de mes actions y étaient insérés par son ordre. Je ne tardai pas à me rendre auprès de Sa Majesté pour le remercier et lui faire en même temps ma cour. Cela n'empêcha pas de faire armer les vaisseaux *le Jazon*, *l'Amazone* et *l'Astrée* sous le commandement du chevalier de Courserac, qui s'en acquitta dignement, fit plusieurs prises et revint désarmer à Brest.

Mon séjour à Versailles ne fut pas long; j'étais persuadé qu'en cherchant les ennemis du roi, je lui faisais mieux ma cour qu'en faisant le personnage de courtisan, auquel je n'étais pas propre. Dans cette vue, je pris congé de Sa Majesté, et je vins dans le port de Brest pour y armer plusieurs vaisseaux.

J'avais reçu avis que des vaisseaux anglais, venant des Indes-Orientales, devaient aborder à la côte d'Irlande sous l'escorte de deux vaisseaux de guerre de soixante-dix canons : la richesse immense de ces cinq vaisseaux avait porté l'amiral d'Angleterre à en faire partir deux autres pour aller au-devant d'eux. Je mis à la voile avec ces instructions et j'établis ma croisière un peu au large de la côte d'Irlande ; je ne tardai pas à y rencontrer un des vaisseaux dépêchés par l'amiral d'Angleterre. Je le joignis avec mon vaisseau *le Lis*, et m'en rendis maître avant une heure de combat et avant qu'aucun de mes camarades pût arriver à portée. Ce vaisseau qui était tout neuf et allait fort bien, me parut propre à croiser avec nous. Je choisis pour le commander M. de Nogent, mon capitaine en second, officier de mérite et de valeur, s'il en est un, et je le fis armer d'un nombre d'officiers, de soldats et de matelots suffisant pour le mettre en état de combattre avec nous en cas d'occasion. Je trouvai aussi dans ce vaisseau les instructions de l'amiral d'Angleterre sur sa destination.

Peu de jours après, j'eus connaissance de son camarade qui m'échappa à la faveur de la nuit. Toutes ces circonstances me donnèrent lieu d'espérer que ces riches vaisseaux des Indes ne m'échapperaient pas : cependant, j'eus le malheur de tomber gravement malade, et, pour comble d'infortune, nous essuyâmes pendant quinze jours un brouillard si épais que tous les vaisseaux de mon escadre ne se voyant plus étaient obligés de se conserver par des signaux continuels de canons, de fusils, de cloches et de tambours. Les vaisseaux des Indes furent assez heureux pour passer justement pendant ce temps-là, sans que nous en eussions connaissance. Les pressentiments que j'en avais me tourmentaient encore plus que mon mal ; mais sitôt qu'il fut dissipé, je courus à toutes voiles sur la côte d'Irlande, et j'arrivai précisément à la vue du cap Clare le même jour que les vaisseaux des Indes atterraient à cette côte. Nous les vîmes du haut de mon mât, qui entraient dans les ports de Cork et de Kingsal. Tous ces fâcheux événements nous ayant fait manquer une si belle occasion, le reste de la campagne ne fut pas plus heureux, je fis seulement une prise chargée de tabac, et mes vivres étant finis je revins désarmer à Brest.

On m'y débarqua mourant, et je fus plus de six mois avant de pouvoir reprendre un peu de forces. A la fin, la nature surmonta le mal et me mit en état de retourner à Versailles pour me présenter au roi.

CHAPITRE V

Expédition glorieuse de Rio Janiero, — Lettre adressée au gouverneur. — Prise de la place. — Retour en France — Mort de Louis XIV. — Mort de Duguay-Trouin. — Son portrait, ses statues, ses maximes

Ce fut là, en 1711, que je commençai de faire une entreprise sur la ville et la colonie du Rio-Janeiro, (1) l'une des plus riches et des plus puissantes villes du Brésil. M. Du Clerc, capitaine de vaisseau, avait déjà tenté cette expédition avec cinq vaisseaux du roi et environ mille soldats de la marine; mais ces forces n'étant pas à beaucoup près

(1) Son port est magnifique. C'est le principal entrepôt du commerce tant intérieur qu'extérieur de l'empire du Brésil. Son industrie est assez florissante.

suffisantes pour s'emparer d'une colonie aussi considérable, il y était demeuré prisonnier avec six ou sept cents de ses soldats: tout le reste avait été tué à l'assaut qu'il donna à la ville et aux forteresses du Rio-Janeiro.

Depuis ce temps-là, le roi de Portugal en avait fait augmenter les fortifications et y avait envoyé quatre vaisseaux de guerre et deux frégates chargées de troupes aguerries, afin de mettre cette importante colonie tout à fait hors d'insulte.

Les nouvelles par lesquelles l'on avait appris la défaite de M. Du Clerc et de ses troupes disaient que les Portugais, insolents vainqueurs, exerçaient envers ces prisonniers toutes sortes de cruautés; qu'ils les faisaient mourir de faim et de misère dans les cachots et que M. Du Clerc avait été assassiné après s'être rendu à composition. Toutes ces circonstances jointes à l'espoir d'un butin immense, et surtout à l'honneur qu'on pouvait acquérir dans une entreprise aussi difficile, me firent naître l'envie d'aller porter la gloire des armes du roi et de la France jusque dans ces climats éloignés et punir l'inhumanité des Portugais par la destruction de cette colonie florissante.

Je m'adressai pour cela à trois de mes meilleurs amis qui de tout temps m'avaient aidé de leurs bourses et de leur crédit dans toutes mes expéditions. Je leur confiai mon projet et les engageai à se rendre directeurs de cet armement. Mais l'importance de cette expédition exigeant des fonds très considérables, nous fûmes obligés de nous confier à trois autres négociants riches de Saint-Malo ; ce qui faisait, y compris mon frère, sept directeurs. Je leur fis voir un état des officiers, des vaisseaux, des troupes, des équipages,des vivres et de toutes les munitions nécessaires, suivant lequel la mise hors de cet armement, non compris le salaire payable au retour, était estimé à douze cent mille livres.

M. de Coulange, l'un des principaux directeurs, vint me joindre à Versailles afin d'arrêter un traité en forme et d'obtenir du ministre les conditions essentielles nécessaires au succès de cette entreprise. Il eut besoin d'une patience à toute épreuve, et d'une grande dextérité pour lever toutes les difficultés qui s'y opposaient ; il y réussit, et l'amiral s'y intéressa considérablement ; de manière que sur le compte que ce prince et M. de Pontchartrain en rendirent au roi, Sa Majesté l'approuva, et voulut bien me confier ses vaisseaux et ses troupes pour aller porter ses armes dans un nouveau monde.

Cette résolution étant prise, nous nous rendîmes à Brest, mon frère et moi, pour y armer une escadre de quinze vaisseaux.

Je donnai toute mon attention à faire préparer de bonne heure les vivres, munitions, outils, tentes et tout l'attirail nécessaire au campement et à former un siége, le tout avec secret et précaution. J'eus soin aussi de choisir nombre de bons officiers pour bien armer tous les vaisseaux et pour se mettre à la tête des troupes. M. de Saint-Germain fut nommé par la cour pour servir de major sur l'escadre; son activité, jointe à son intelligence me furent d'un grand secours pendant le cours de cette expédition.

Indépendamment de tous ces préparatifs et de tous ces vaisseaux que nous faisions armer mon frère et moi, nous engageâmes deux autres frégates de Saint-Malo, qui étaient aux rades de la Rochelle, de se joindre à mon armement. Les soins que nous prîmes d'accélérer cette expédition furent si prompts et si bien ménagés, que malgré la disette où se trouvaient les magasins du roi, tous les vaisseaux de Brest et de Dunkerque se trouvèrent prêts à mettre à la voile sous deux mois, à compter du jour de notre arrivée à Brest. J'avais reçu avis qu'on travaillait en Angleterre à mettre en mer une forte escadre, et ne doutant pas que ce ne fût pour venir me bloquer dans la rade de Brest, je me déterminai à mettre à la voile sans donner le temps à mes vaisseaux de se débarrasser, et je partis en effet le 3 juin 1711 pour aller joindre la tête de mon escadre aux rades de la Rochelle, au lieu de les attendre comme j'en avais eu d'abord le dessein, et, le 5 du même mois, il parut à l'entrée de Brest une escadre de vingt vaisseaux de guerre anglais, dont quelques-uns s'avancèrent jusque sous les batteries, et prirent deux bateaux de pêcheurs qui les informèrent de mon départ.

J'arrivai le 6 aux rades de la Rochelle, et le 9 je mis à la voile avec tous mes vaisseaux rassemblés.

Le 2 juillet, je mouillai à l'île Saint-Vincent, l'une des îles du cap Vert où la frégate *l'Aigle* vint me joindre. J'y trouvai beaucoup de difficulté à y faire de l'eau et très peu d'apparence d'y avoir des rafraîchissements. Ainsi je remis à la voile avec le seul avantage d'avoir mis toutes les troupes à terre et de leur avoir fait connaître l'ordre et le rang qu'elles devaient observer à la descente.

Je passai la ligne le 11 du mois d'août, après avoir essuyé plus d'un mois de vent si contraire et si frais que tous les vaisseaux de l'escadre démâtèrent de leurs mâts de hune les uns après les autres.

Le 19, j'eus connaissance de l'île de l'Ascension, et, le 27, me trouvant à la hauteur de la baie de Tous-les-Saints, j'assemblai un conseil dans lequel je proposais d'aller prendre ou brûler, chemin faisant, ce qui se trouverait de vaisseaux ennemis. Pour cet effet, je me fis rendre compte de la quantité d'eau qui restait dans tous les vaisseaux de l'escadre ; mais il s'en trouva si peu qu'à peine suffisait-elle pour nous rendre au Rio-Janeiro; ainsi il fut décidé que nous continuerions notre route pour aller en droite ligne à notre destination.

Le 11 septembre, on trouva fond; je fis mes remarques là-dessus, après quoi, profitant d'un vent frais qui s'éleva à l'entrée de la nuit, je fis forcer de voiles à tous les vaisseaux de l'escadre, afin d'arriver, comme je fis, à la pointe du jour, précisément à l'ouest de la baie du Rio-Janeiro. Il était évident que le succès de cette expédition dépendait de la diligence, et qu'il ne fallait pas donner aux ennemis le temps de se reconnaître. Sur ce principe, je ne voulais pas m'arrêter à envoyer à bord de tous les vaisseaux les ordres que chacun devait observer. Je commandai à tous les capitaines de l'escadre de s'avancer les uns après les autres suivant le rang et la force de chaque vaisseau : ils exécutèrent cet ordre avec tant de régularité que je ne puis assez élever leur valeur et leur bonne conduite.

C'est ainsi que nous forçâmes l'entrée de ce port, défendue par une prodigieuse quantité d'artillerie et par quatre vaisseaux et deux frégates de guerre que le roi de Portugal avait envoyés pour la défense de cette place. Ces vaisseaux s'étaient entraversés pour défendre l'entrée du fort, mais voyant que le feu de leur artillerie ni celui de tous leurs forts n'étaient pas capables de nous arrêter et que nous serions bientôt à portée de les aborder et de nous en rendre maîtres, ils coupèrent leurs câbles et s'échouèrent sous les batteries de la ville. Nous eûmes, dans cette action, environ trois cents hommes hors de combat; et pour juger sainement du mérite de cette entrée, il est bon d'exposer ici quelle est la situation de ce port, celle de la ville et de ses forteresses.

La ville du Rio-Janeiro est bâtie sur le bord de la mer, au milieu de trois montagnes qui la commandent et qui sont couronnées de forts et de batteries : la plus proche, en entrant, est occupée par les jésuites; celle du côté opposé, par les bénédictins, et la troisième, nommée la Conception, par l'évêque du lieu.

La ville est fortifiée par des redans et des batteries dont les feux se croisent : au côté de la plaine, elle est défendue par un camp retranché et par un bon fossé plein d'eau en dedans duquel il y a deux places d'armes à pouvoir contenir quinze mille hommes en bataille, c'était où les ennemis tenaient le fort de leurs troupes, qui consistaient en douze ou treize mille hommes au moins, compris cinq régiments de troupes nouvellement arrivés, sans compter un très grand nombre de noirs.

Surpris de trouver cette place en si bon état et cherchant à m'informer de ce qui pouvait y avoir donné lieu, j'appris que la reine d'Angleterre avait fait partir un paquebot pour donner avis de mon armement au roi de Portugal, lequel n'ayant aucun autre vaisseau prêt pour en aller porter la nouvelle, avait dépêché ce même paquebot pour Rio-Janeiro, où il était arrivé quinze jours avant nous, et c'est sur cet avis que le gouverneur avait fait de si grands préparatifs.

Toute la journée s'étant passée à forcer l'entrée de ce port, je fis avancer pendant la nuit la galiotte et ses deux traversiers à bombes pour commencer à bombarder, et, à la pointe du jour, je détachai M. le chevalier de Gouyon pour aller s'emparer de l'île des Chèvres avec cinq cents soldats d'élite; il exécuta dans le moment et en chassa les Portugais si brusquement qu'à peine eurent-ils le temps d'enclouer une partie de leurs canons; ils coulèrent à fond en se retirant deux de leurs plus gros navires marchands entre l'île des Bénédictins et l'île des Chèvres et firent sauter en l'air deux de leurs vaisseaux de guerre échoués sous le fort de la Miséricorde.

M. le chevalier de Gouyon m'ayant rendu compte de la situation avantageuse de l'île des Chèvres, j'allai visiter ce poste et l'ayant trouvé tel qu'il l'avait dit, j'ordonnai d'y établir des batteries de canons et de mortiers. M. le marquis de Saint-Simon fut chargé du soin de soutenir les travailleurs avec un corps de troupes que je lui laissai, les uns et les autres servirent avec toute l'activité possible, étant exposés à un feu continuel de canon et de mousqueterie.

Cependant nos vaisseaux manquant d'eau il n'y avait pas de temps à perdre pour descendre à terre et s'assurer d'une aiguade. J'ordonnai, pour cet effet, à M. le chevalier de Bauve de faire embarquer la meilleure partie des troupes dans des frégates, le chargeant de s'emparer de quatre vaisseaux marchands mouillés près de l'endroit où je comptais faire descente, afin d'y loger toutes les troupes embarquées. Cet ordre fut exécuté pendant la nuit avec tant de régularité que, le lendemain matin, notre débarquement se fit sans confusion et sans danger; il est vrai que j'en avais ôté la connaissance aux ennemis par des mouvements et de fausses attaques de nuit qui attirèrent toute leur attention.

Le 15 septembre, je fis débarquer toutes nos troupes au nombre de deux mille deux cents soldats et de sept à huit cents matelots armés et exercés, ce qui formait un corps d'environ trois mille trois cents hommes, y compris les officiers gardes de la marine et volontaires; on fit débarquer en même temps près de cinq cents autres soldats scorbutiques qui au bout de quatre ou cinq jours se remirent sur pied et furent en état de s'incorporer avec le reste des troupes. De tout cela joint ensemble, je composai trois brigades de trois bataillons chacune.

Je fis aussi débarquer quatre petits mortiers portatifs et vingt gros pierriers de fonte, afin d'en former une espèce d'artillerie de campagne.

Toutes nos troupes et munitions étant débarquées, je fis avancer le chevalier de Gouyon et le chevalier de Courserac, chacun à la tête de sa brigade, pour s'emparer de deux hauteurs d'où l'on découvrait toute la campagne et une partie des mouvements qui se faisaient dans la ville. Le sieur d'Aubreville chassa du bois quelque partie des ennemis qui étaient embusqués pour nous observer; après quoi nos troupes se campèrent dans cet ordre : la brigade du chevalier de Gouyon occupa la hauteur qui regardait la ville, celle du chevalier de Courserac s'établit sur la montagne qui était à l'opposite, et moi au milieu et à portée de nous soutenir les uns et les autres. Par cette situation nous étions maîtres du bord de la mer où nos chaloupes faisaient de l'eau et apportaient de nos vaisseaux les munitions de guerre et de bouche dont nous avions besoin. M. de Ricouart, intendant de l'escadre, avait soin de nous les envoyer et de faire fournir les matériaux nécessaires à l'établissement de nos batteries.

Le 19 septembre, voulant couper, s'il était possible, la retraite aux ennemis et leur faire voir que nous étions les maîtres de la campagne, je fis mettre toutes nos troupes sous les armes et les fis avancer dans la plaine, détachant des partis jusqu'à portée de fusil de la ville qui tuèrent des bestiaux, pillèrent des maisons sans opposition et sans que les ennemis se missent en devoir de tirer un seul coup de canon ou de fusil. Leur intention était de nous attirer dans leurs retranchements où ils avaient engagé et défait M. du Clerc. Je pénétrai leurs desseins et voyant qu'ils ne remuaient point, je fis retirer nos troupes en bon ordre, et donnai toute mon attention à bien reconnaître le terrain. Je le trouvai si impraticable que quand j'aurais eu quinze mille hommes, je n'aurais pu couper la retraite aux ennemis ni les empêcher de sauver leurs richesses dans les bois et dans les montagnes. J'en fus encore plus convaincu, lorsqu'ayant remarqué un parti d'ennemis au pied d'une montagne, je fis couler au pied des troupes à tribord et à bâbord pour le couper, mais elles trouvèrent un marais qui les arrêtèrent et forcèrent de retourner sur leurs pas.

Les ennemis brûlèrent des magasins pleins de caisses de sucre, d'agrès et de munitions, situés sur le bord de la mer et firent sauter en l'air le derrière d'un vaisseau de guerre échoué contre la batterie des Bénédictins, ils brûlèrent en même temps les deux frégates du roi de Portugal.

Dans l'intervalle de tous ces mouvements, quelques détachements des ennemis connaissant les routes du pays, se glissèrent le long des défilés et des bois qui bordaient notre camp et après avoir tenté plusieurs attaques de jour, surprirent, au milieu de la nuit, trois de nos sentinelles qu'ils enlevèrent sans bruit ; nous eûmes aussi quelques maraudeurs qui tombèrent entre leurs mains ; cela donna lieu à un stratagème assez extraordinaire et qui mérite bien d'être expliqué.

Un nommé Du Bocage, normand d'origine, qui dans les précédentes guerres avait commandé un ou deux corsaires français, s'était engagé depuis ce temps-là au service du roi de Portugal, et s'étant fait naturaliser Portugais, était parvenu à monter des vaisseaux de guerre portugais ; il commandait alors le second de ceux que nous avions trouvés au Rio-Janeiro et l'ayant fait sauter en l'air, il s'était chargé de faire garder les retranchements et batteries des Bénédictins ; il s'en acquitta même si bien et fit servir si juste ses canons que nos traversiers à bombes et plusieurs de nos chaloupes en avaient été fort maltraités et en risque d'être coulés. Ce Du Bocage, désirant se distinguer et s'attirer la confiance des Portugais, auxquels comme français il était devenu suspect, imagina de se déguiser en matelot avec un bonnet, un pourpoint et des culottes goudronnées. Dans cet équipage, il se fit conduire par quatre soldats portugais à la prison où nos maraudeurs et nos sentinelles enlevées étaient enfermés ; il s'y fit mettre aux fers avec eux, disant qu'il était un pauvre matelot de l'équipage d'une des frégates de Saint-Malo qui s'étant écarté de notre camp avait été surpris par un parti en embuscade; il fit si bien son personnage, que sous ce déguisement il tira des prisonniers français toutes les lumières qui pouvaient lui faire connaître le fort et le faible de nos troupes, et cette connaissance fit prendre aux ennemis la résolution d'attaquer notre camp.

A cet effet, ils firent sortir avant jour de leurs retranchements quinze cents hommes de leurs troupes réglées qui, sans être découverts, s'avancèrent jusqu'au pied de la montagne occupée par la brigade du chevalier de Gouyon ; ces troupes furent suivies par un corps de milice qui se porta à moitié de notre camp et à couvert d'un bois pour être à portée de les soutenir.

Le poste avancé qu'ils voulaient attaquer était situé sur une éminence à mi-côte où il y avait une maison crénelée qui servait de corps de garde, et quarante pas au dessous, régnait une haie fermée par une barrière. Les ennemis, à la pointe du jour, firent passer plusieurs bestiaux devant et un de nos sergents et quatre soldats qui étaient à la picorée s'avancèrent pour les saisir sans en avertir l'officier. A peine eurent-ils ouvert la barrière que les ennemis embusqués firent feu sur eux, tuèrent le sergent et deux soldats et, passant outre, montèrent vers le corps de garde. Le sieur de Liesta qui gardait ce poste avec cinquante hommes, quoique surpris et attaqué vivement, tint ferme et donna le temps de m'avertir ; je courus vers le lieu du combat. A l'approche des troupes qui me suivaient, les ennemis se retirèrent précipitamment et laissèrent sur le champ de bataille quantité de leurs soldats tués et blessés.

Le 19, M. de la Ruffinière, commandant l'artillerie, me fit savoir qu'il avait sur l'île des Chèvres cinq mortiers et dix-huit pièces de canon prêtes à battre en brèche. Je crus qu'il était temps d'envoyer sommer le gouverneur de se rendre par un tambour qui lui porta cette lettre.

« Monsieur,

» Le roi mon maître voulant tirer raison de la cruauté exercée envers ses officiers et soldats que vous fîtes prisonniers l'année passée, et Sa Majesté étant informée qu'après avoir fait massacrer les chirurgiens auxquels vous aviez permis de descendre à terre pour panser les blessés, vous avez encore fait périr de faim et de misère ce qui restait de ses soldats, les retenant en captivité contre le cartel passé entre les couronnes de France et de Portugal ; elle m'a ordonné d'employer ses vaisseaux et ses troupes à vous forcer de vous remettre à sa discrétion et me rendre tous les prisonniers français, et de faire payer aux habitants de cette colonie une contribution suffisante pour les punir de leur inhumanité et de dédommager Sa Majesté d'un armement aussi considérable.

» Je n'ai pas voulu vous sommer de vous rendre que je ne me sois vu en état de vous forcer et de réduire votre ville et votre pays en cendres, si vous ne vous rendez à la discrétion du roi qui m'a commandé d'épargner ceux qui se soumettront de bonne grâce et qui se repentiront de l'avoir offensé dans la personne de ses officiers. Cependant j'apprends que M. Du Clerc leur commandant a été assassiné ; je n'ai point encore usé de représailles sur les Portugais qui sont tombés en mon pouvoir ; l'intention de Sa Majesté n'étant pas de faire la guerre d'une manière si indigne d'un roi très chrétien ; je veux croire que vous avez trop d'honneur pour avoir eu part à ce honteux massacre, mais ce n'est pas assez, elle veut que vous en nommiez les auteurs pour en faire un châtiment exemplaire, en sorte que si vous refusez d'obéir à sa volonté, tous vos canons et votre nombreuse multitude ne m'empêcheront pas d'exécuter ses ordres et de porter le fer et le feu dans toute l'étendue de votre pays. J'attends votre réponse, faites-la-moi prompte et décisive, autrement vous connaîtrez que si je vous ai jusqu'ici épargné, c'était pour m'épargner à moi-même l'horreur d'envelopper les innocents avec les coupables. Je suis, etc. »

Le gouverneur me renvoya mon tambour avec cette réponse.

« Monsieur,

» J'ai vu les motifs et les raisons qui vous ont engagé à venir de France en ce pays. Quant aux traitements des prisonniers français, ils ont été suivant l'usage de la guerre, ne leur ayant manqué ni pain de munition ni les autres secours, quoiqu'ils ne les méritassent pas à cause de la manière dont ils ont attaqué le pays du roi mon maître sans en avoir commission du roi très chrétien, mais faisant seulement la course. Cependant je leur ai accordé la vie au nombre de six cents, comme ils le peuvent bien certifier eux-mêmes, les ayant garantis de la fureur des noirs qui voulaient les passer tous au fil de l'épée.

» Enfin je n'ai manqué en rien sur tout ce qui les regardait, les ayant traités suivant les intentions du roi mon maître.

» A l'égard de la mort de M. Du Clerc, je l'ai mis, à sa sollicitation, dans la meilleure maison de la ville où il a été tué : Qui est celui qui l'a tué? c'est ce qu'on n'a pu vérifier, quelque diligence qu'on ait faite, tant de mon côté que de celui de la justice, et je vous assure que si l'assassin se trouve, il sera châtié comme il le mérite : en tout ceci, il ne s'est rien passé qui ne soit la pure vérité tel que je l'expose ; et quant à vous remettre ma place, quelques menaces que vous me fassiez, le roi mon maître me l'ayant confiée, je n'ai point autre chose à répondre sinon que je suis prêt à la défendre jusqu'à la dernière goutte de mon sang, et j'espère que le Dieu des armées ne m'abandonnera pas dans une cause aussi juste que l'est celle de la défense de cette place dont vous voulez vous emparer sous des prétextes frivoles. Dieu conserve votre seigneurie, et suis, etc. »

Sur cette réponse, je résolus d'attaquer vivement la place et je fus avec le chevalier de Beauve, tout le long de la côte depuis notre camp jusqu'à l'île des Chèvres, reconnaître les endroits par où nous pourrions forcer les ennemis le plus aisément.

Le 20, je donnai ordre que le vaisseau *le Brillant* s'avançât auprès du *Mars*, et je fis faire de ces deux vaisseaux et de toutes nos batteries un feu continuel qui rasa une partie des retranchements, donnant aussi tous les ordres nécessaires pour livrer l'assaut le lendemain.

La nuit du 20 au 21, je fis embarquer dans des chaloupes les troupes destinées à l'attaque des retranchements des Bénédictins avec ordre de loger sans bruit dans les cinq vaisseaux que j'avais remarqués ; elles se mirent en devoir de le faire, mais les ennemis les ayant vues à la lueur des éclairs, du tonnerre qui se succédaient les uns aux autres, firent sur nos chaloupes un très grand feu de mousqueterie. Je m'en étais défié et j'avais ordonné aux vaisseaux *le Brillant* et *le Mars* ainsi qu'à toutes nos batteries de pointer avant la nuit tous leurs canons sur les retranchements des ennemis et de se tenir prêts à y mettre le feu sitôt qu'ils verraient partir un coup de canon de la batterie où je m'étais placé. Ainsi, dès que les ennemis eurent commencé à tirer sur nos chaloupes, je mis moi-même le feu au canon qui devait servir de signal, lequel fut aussitôt suivi d'un feu continuel des batteries et des vaisseaux, qui joints aux éclairs redoublés du tonnerre rendait cette nuit des plus affreuses et jeta dans la ville une consternation générale. La confusion parmi les habitants fut d'autant plus grande qu'ils crurent que j'allais donner l'assaut au milieu même de la nuit.

Le 21, à la pointe du jour, je m'avançai à la tête des troupes pour commencer l'attaque de *la Conception*, ordonnant au chevalier Gouyon de se glisser le long de la côte avec sa brigade pour attaquer par un autre endroit, et j'envoyai ordre aux cinq vaisseaux de donner en même temps l'assaut aux retranchements des Bénédictins.

Sur ces entrefaites, le sieur de la Salle, ci-devant aide de camp de feu M. du Clerc, s'étant échappé de la ville vint se rendre à nous pour nous donner avis que la populace et les milices effrayées du grand feu de toutes nos batteries et persuadées que nous allions donner l'assaut pendant la nuit en avaient été tellement frappées de terreur que, dès ce temps-là, elles avaient commencé d'abandonner la ville avec une confusion étonnante et que cette terreur s'étant communiquée aux troupes réglées elles avaient été entraînées par le torrent; mais qu'en se retirant elles avaient mis le feu à leurs magasins les plus riches et laissé des mines sous les forts des Bénédictins et des Jésuites, à dessein de faire périr au moins une partie de nos troupes; que, voyant cela, il s'était sauvé dans le désordre pour venir à temps nous en avertir.

Toutes ces circonstances qui d'abord parurent incroyables, et qui se trouvèrent cependant vraies, me firent presser notre marche; je me rendis maître sans résistance, mais avec précaution, des retranchements de la Conception et de ceux des Bénédictins, je descendis ensuite dans la place à la tête des grenadiers, et je m'emparai de tous les forts ou postes qui méritaient quelque attention, donnant ordre d'éventer les mines, après quoi j'établis la brigade du chevalier de Courseras sur la montagne des Jésuites pour en garder tous les forts.

En entrant dans cette ville abandonnée, nous trouvâmes ce qui restait de prisonniers de la défaite de M. du Clerc qui, ayant brisé les portes de leurs prisons, s'étaient déjà répandus pour piller les maisons qu'ils croyaient les plus riches. Cet objet excita l'avidité des soldats et les porta à se débander. J'en fis faire sur le champ même une punition sévère, et j'ordonnai que tous ces prisonniers fussent conduits et consignés à la montagne des Bénédictins.

Ces ordres étant donnés, j'allai rejoindre le chevalier de Gouyon et le chevalier de Beauve auxquels j'avais laissé le commandement du reste des troupes, voulant conférer avec eux sur les expédients qui pouvaient empêcher ou diminuer le pillage dans une ville ouverte, pour ainsi-dire, de toutes parts. En attendant, je fis mettre des sentinelles, poser des corps de garde dans tous les endroits nécessaires et j'ordonnai que l'on fit jour et nuit des patrouilles avec défense, sous peine de la vie, aux soldats et matelots d'entrer dans la ville sous quelque prétexte que ce fût. En un mot je ne négligeai rien ni aucunes précautions de celles qui me parurent praticables. Mais l'avidité du pillage l'emporta sur la crainte du châtiment.

Les corps de garde et les patrouilles furent les premiers à augmenter ce désordre pendant la nuit, en sorte que le lendemain les trois quarts des maisons et des magasins se trouvèrent enfoncées, les vins répandus, les vivres, les marchandises et les meubles épars au milieu des rues et de la fange; tout enfin se trouva dans un désordre et dans une confusion inexprimable. Je fis casser la tête à la plupart de ceux qui se trouvèrent dans le cas du ban public : cependant, tous les châtiments réitérés n'étant pas capables d'arrêter cette fureur, je pris le parti, pour sauver quelque chose, de faire tous les jours travailler les troupes à porter dans des magasins publics tous les effets que l'on put ramasser, et M. de Ricouart y plaça des écrivains et des gens de confiance.

Ayant pris toutes les dispositions utiles pour ne pas avoir à craindre une attaque des troupes ennemies retranchées à une lieue de nous, je donnai mon attention aux intérêts du roi et à ceux de mes armateurs. Les ennemis avaient sauvé leur or dans les bois, brûlé ou coulé leurs meilleurs vaisseaux et mis le feu à leurs magasins les plus riches. Tout le reste était en proie à la fureur du pillage que rien ne pouvait arrêter ; il était impossible de garder cette place à cause du peu de vivres qui s'y étaient trouvés et de la difficulté à pénétrer dans le terrain pour en recouvrer. Tout cela bien examiné, je fis dire au gouverneur que s'il tardait à racheter sa ville par une bonne contribution, j'allais la mettre en cendres et en saper jusqu'aux fondements. Afin même de lui rendre cette menace plus sensible, je détâchai deux compagnies de grenadiers avec ordre de brûler toutes les maisons de campagne à une demi-lieue à la ronde. Ils l'exécutèrent, mais ayant tombé dans un corps d'ennemis fort supérieur, elles auraient été taillées en pièce si je ne les avais fait suivre par deux autres compagnies, lesquelles, soutenues de ma compagnie de caporaux, enfoncèrent les ennemis, en tuèrent plusieurs et mirent le reste en fuite.

Après cet échec, le gouverneur m'envoya le président de la chambre de justice avec un de ses maîtres de camp pour traiter du rachat de la ville ; ils commencèrent par me dire que le peuple, les ayant abandonnés et ayant transporté toutes leurs richesses dans les bois et dans les montagnes, il leur était impossible de trouver plus de six cent mille cruzades (1), encore demandaient-ils un assez long terme pour faire revenir l'or appartenant au roi de Portugal, qui avait été porté bien avant dans ces terres. Je rejetai cette proposition et congédiai ces députés après leur avoir fait voir que je faisais miner tous les lieux que le feu ne pouvait entièrement détruire.

Depuis leur départ, je n'entendis plus parler du gouverneur ; j'appris, au contraire, que don Antonio d'Albuquerque devait le joindre incessamment avec un puissant secours, et qu'il lui avait envoyé un exprès pour l'en avertir. Je compris aisément qu'il fallait de toute nécessité faire un effort avant cette jonction si je voulais en tirer parti. Aussitôt j'ordonnai que toutes nos troupes dans lesquelles

(1) La creuzade, monnaie d'or de Portugal, valait à cette époque 3 fr. 30 de notre monnaie.

j'avais fait incorporer cinq cents soldats qui étaient restés de la défaite de M. du Clerc, se missent en marche et décampassent la nuit, sans tambour, à la sourdine.

Cet ordre fut exécuté, malgré la difficulté des chemins, avec tant d'ardeur et de régularité, que je me trouvai, à la pointe du jour, en présence de l'ennemi. L'avant-garde, commandée par le chevalier de Gouyon, ne fit halte qu'à demi-portée de fusil de la hauteur qu'ils occupaient, et sur laquelle leurs troupes parurent en bataille; elles avaient été fortifiées par douze cents hommes, arrivés depuis peu des environs de l'Ile-Grande : je fis ranger tous nos bataillons en front, autant que le terrain pût le permettre, prêt à leur livrer combat, et j'eus soin de faire occuper les hauteurs et les défilés, détachant divers petits corps pour aller faire un assez grand tour, avec ordre de tomber sur le flanc des ennemis aussitôt qu'ils auraient connaissance que l'action serait engagée.

Le gouverneur, surpris, envoya un jésuite, homme d'esprit, avec deux de ses principaux officiers pour me représenter qu'il avait offert pour racheter la ville tout l'or dont il pouvait disposer, et que dans l'impossibilité où il était d'en trouver davantage, tout ce qu'il pouvait faire était d'y joindre dix mille cruzades de sa propre bourse, cinq cents caissons de sucre et tous les bestiaux dont je pourrais avoir besoin ; mais qu'après cette déclaration, j'étais le maître de combattre, de détruire la colonie et de prendre tel parti que je voudrais. J'assemblai le conseil là-dessus, lequel jugea bien que si nous nous montrions intraitables à ces gens-là, bien loin d'en tirer avantage, nous perdrions l'unique espoir qui nous restait de les faire contribuer, et qu'il ne fallait pas balancer d'accepter cette proposition. J'en compris la nécessité, et conséquemment je me fis donner sur-le-champ douze de leurs principaux officiers et le président de la chambre de justice pour me servir d'otages, avec soumission de me payer les six cent mille cruzades sous quinze jours, et de me faire fournir tous les bestiaux dont j'aurais besoin. On arrêta en même temps qu'il serait permis à tous les Portugais de venir à bord de nos vaisseaux et dans la ville pour racheter tous les effets qui leur conviendraient, en payant comptant.

Le lendemain 11 octobre, don Antoine d'Albuquerque (1) arriva au camp des ennemis avec trois mille hommes de troupes, moitié cavalerie, moitié infanterie, et plus de six cents noirs bien armés. Cela m'engagea à redoubler mes précautions et à me tenir continuellement sur mes gardes, d'autant plus que les noirs qui se rendaient à nous, assuraient que malgré les otages, tous les ennemis voulaient nous surprendre et nous attaquer pendant la nuit. Cela n'empêcha pas qu'on travaillât à porter dans nos vaisseaux toutes les caisses de sucres et à remplir les magasins des marchandises que l'on pouvait ramasser; mais la plus grande partie n'était propre que pour les mers du sud et aurait tombé en pure perte si on les avait apportées en France. La difficulté était de trouver quelques vaisseaux capables d'entreprendre un si long voyage; il ne s'en trouva qu'un seul en état d'y aller, lequel ne pouvait contenir qu'une partie des marchandises; de manière que pour sauver le reste nous jugeâmes à propos, M. de Ricouart et moi, d'y joindre *la Concorde*, et l'on travailla diligemment à charger ces deux vaisseaux. Il restait encore cinq cents caisses

(1) Général fort estimé des Portugais.

de sucre qui furent chargées dans la moins mauvaise de nos prises, que chaque vaisseau contribua à équiper et dont M. de la Ruffinière prit le commandement. Tous les autres vaisseaux pris furent rendus aux Portugais, ainsi que les marchandises gâtées dont on tira le meilleur parti que l'on put.

Le 4 novembre, les ennemis ayant achevé leur dernier paiement, je leur remis la ville et fis embarquer les troupes, gardant seulement les forts de l'île des Chèvres et ceux de l'entrée afin d'assurer notre départ.

Le 13, je fis mettre le feu aux vaisseaux de guerre portugais que l'on n'avait pu relever, et à un autre vaisseau marchand que l'on n'avait pas trouvé à vendre.

J'avais fait ramasser avec grand soin tous les vases sacrés, l'argenterie et les ornements des églises, qui furent mis dans plusieurs grands coffres, et avant de partir je confiai ce dépôt aux pères jésuites, les chargeant de les remettre à l'évêque du lieu. Ces habiles pères contribuèrent beaucoup à sauver cette colonie florissante en portant le gouverneur à racheter sa ville ; sans quoi je l'aurais rasée de fond en comble. Cette perte aurait été irréparable pour le roi de Portugal et n'aurait été d'aucune utilité à mon armement.

Avant de parler de notre retour, il est juste de témoigner ici que le succès de cette expédition est dû à la valeur de la plupart des officiers en général et à celle des capitaines en particulier; mais surtout à la fermeté et à la bonne conduite de MM. les chevaliers de Gouyon, de Courserac, de Beauve et de Saint-Germain, major de l'escadre. Ces quatre officiers me furent d'une ressource infinie dans tout le cours de cette entreprise, et j'avoue avec plaisir que par leur activité, par leur courage élevé et par leurs conseils, j'ai surmonté une infinité d'obstacles qui me paraissaient fort au-dessus de nos forces.

Le 13, toute l'escadre mit à la voile pour retourner en France, et le même jour, les deux vaisseaux destinés pour les mers du Sud partirent aussi bien équipés de tout ce qui leur était nécessaire. J'embarquai sur nos vaisseaux un officier, quatre gardes de la marine et près de cinq cents soldats de la défaite de M. du Clerc; tous les autres officiers avaient été envoyés à la baie de Tous-les-Saints. J'étais bien résolu de les aller délivrer, et je comptais tirer même de cette colonie une nouvelle contribution : en effet, je l'aurais exécuté si je n'avais pas eu le malheur d'être traversé par les vents contraires pendant plus de quarante jours; de sorte qu'il nous restait à peine des vivres suffisants pour nous mener en France; et, dans cette situation, il y aurait eu de la folie à nous exposer témérairement aux plus grandes extrémités. Ce défaut de vivres me fit mettre en délibération si nous devions relâcher aux îles de l'Amérique; mais l'incertiude d'en pouvoir trouver pour toute l'escadre nous empêcha de prendre ce parti.

Le 26 septembre, après avoir essuyé bien des vents contraires, nous passâmes enfin la Ligne; et, le 19 du mois suivant, nous parvînmes à la hauteur de l'île des Açores : jusque-là toute l'escadre s'était conservée ; mais nous fûmes pris sur ces parages de trois coups de vent consécutifs si violents que nous fûmes obligés de céder au gré du vent qui nous sépara tous les uns des autres. Tous les gros vaissaux furent dans un danger évident de périr; celui que je montais, quoique le meilleur de l'escadre, ne pouvait gouverner par la force des vents, et je fus obligé de rester en personne au gouvernail pendant plus de six heures, et d'être attentif à prévenir toutes les vagues qui pouvaient faire venir mon vaisseau en travers. Mon attention n'empêcha pas que toutes mes chaînes des haubans ne rompissent les unes après les autres, que mes voiles ne fussent emportées et que mon grand mât ne fût rompu entre les deux ponts. Mon vaisseau par ailleurs faisait de l'eau à trois pompes, et ma situation devint si périlleuse au milieu de la nuit que je fus obligé d'avoir recours aux signaux d'incommodité en tirant des coups de canon et en mettant des feux à mes haubans; mais tous les vaisseaux de mon escadre étant aussi embarrassés que moi, ils ne purent me secourir.

Cette tempête continua douze jours si violemment que je fus sur le point d'être abîmé en faisant un effort pour rejoindre trois de mes vaisseaux que je voyais sous le vent. En effet, ayant voulu arriver sur eux avec le fond de ma misaine, une grosse vague enleva ma poupe en l'air, et dans le même instant il en vint encore une plus grande de l'avant qui, passant par-dessus mon beaupré et ma hune de misaine, engloutit tout le devant de mon vaisseau jusqu'à son grand mât. L'effort qu'il fit pour déplacer cette épouvantable colonne d'eau dont il était affaissé, nous fit dresser les cheveux et envisager une mort certaine au milieu des abîmes. La secousse des mâts et de toutes les parties du vaisseau fut des plus effrayantes, et je ne sais encore par quel miracle il n'en fut pas englouti. Cet orage étant apaisé, je rejoignis les autres vaisseaux. Nous mîmes plusieurs fois en travers pour tâcher de rassembler le reste de l'escadre, et, n'en ayant pas eu connaissance, nous arrivâmes six dans la rade de Brest, le 16 février 1712. Les vaisseaux *l'Achille* et *la Glorieuse* s'y rendirent deux jours après nous ; le vaisseau *le Mars* ayant été démâté de tous ses mâts par la tempête, se trouva en très grand danger faute de vivres ; et après avoir beaucoup souffert, il arriva à la Corogne et de là il se rendit au Port-Louis.

Le vaisseau *l'Aigle* relâcha à l'île de Cayenne avec la prise qu'il escortait ; il y périt à l'ancre et son équipage se rembarqua dans la prise pour repasser en France. On n'a eu depuis aucunes nouvelles des vaisseaux *le Magna ime* et *le Fidèle*, sans doute ils auront fait naufrage dans cette tempête épouvantable qui nous sépara les uns des autres. Ces deux vaisseaux avaient près de douze cents hommes d'équipage et quantité d'officiers ou gardes-marine, gens de mérite que je regrette infiniment, entre autres le chevalier de Courserac, mon fidèle compagnon d'armes, qui, dans plusieurs de mes expéditions, m'avait secondé avec une valeur peu commune, et qui, dans la dernière, s'était acquis une réputation fort distinguée. La tendre estime qui nous unissait depuis très longtemps, et qui n'a jamais été traversée par un moment de froideur, m'a fait ressentir sa perte aussi vivement que celle de mes frères. J'avais une si grande confiance en lui que je fis charger sur le vaisseau *le Magnanime*, qu'il montait, plus de six cent mille livres en or et en argent, outre les marchandises dont il était rempli : il est vrai que c'était le plus grand de l'escadre et le plus capable en apparence de résister aux efforts de la tempête ; ainsi toutes nos richesses étaient partagées sur ces vaisseaux et sur celui que je montais.

Les retours des chargements des deux vaisseaux que j'avais envoyés dans les mers du Sud, joints à l'or et aux autres effets apportés du Rio-Janeiro, payèrent la dépense de mon armement et donnèrent quatre-vingt-douze pour cent de profit à mes armateurs. Il est encore resté aux mers du Sud près de cent mille piastres de mauvais crédit par la malversation de ceux auxquels on s'est confié. Cette perte, jointe à celle des vaisseaux *le Magnanime*, *le Fidèle* et *l'Aigle*, fait perdre cent pour cent de profit. Ce sont de ces malheurs que la prudence humaine ne saurait prévoir.

Les avantages que l'on a retirés de cette expédition sont petits en comparaison du dommage que les Portugais en souffrirent, non-seulement par la contribution à laquelle je les forçai, mais encore par la perte de quatre de leurs plus gros vaisseaux marchands, indépendamment d'une prodigieuse quantité de marchandises ou de vivres brûlés, pillés ou embarqués dans nos vaisseaux. Le seul bruit de cet armement causa une grande diversion et beaucoup de dépense aux Hollandais et aux Anglais. Ces derniers entre autres mirent d'abord une escadre de vingt vaisseaux de guerre pour venir me bloquer dans la rade de Brest, et craignant que mon armement ne fût destiné à porter *le Prétendant* en Angleterre, ils rappelèrent de Flandres six mille hommes de leurs troupes et se donnèrent de grands mouvements pour empêcher la descente sur les côtes; ils envoyèrent en même temps des vaisseaux d'avis et des navires de guerre dans leurs principales colonies, avec d'autant plus d'inquiétude qu'ils ignoraient la destination de mon entreprise.

Deux mois après mon arrivée à Brest (1), je me rendis à Versailles pour voir le roi : il me témoigna une grande satisfaction de ma conduite et montra beaucoup de disposition à m'en donner la récompense; mais comme il y avait alors nombre d'anciens capitaines distingnés par leurs services et par leur naissance, Sa Majesté ne jugea pas à propos de me faire chef d'escadre qu'à la seconde promotion d'officiers généraux qui se fit deux ans après, et, en attendant, elle me gratifia d'une pension de deux mille livres sur l'Ordre de Saint-Louis.

Le vrai mérite est modeste. Après cette brillante expédition où la vigueur de l'exécution répondit à la hardiesse du plan qui revêtit Duguay-Trouin d'une gloire immortelle, le célèbre marin avait tous les droits à une récompense excep-

---

(1) Il arriva à Brest le 12 février 1712

tionnelle, il ne la reçut pas et se contenta de dire : Sa Majesté ne jugea pas à propos de me faire chef d'escadre parce qu'il y avait alors bon nombre d'anciens capitaines distingués par leurs services — sous entendu — qui le méritaient sans doute mieux que moi. Mais ce qui ne fit pas défaut au héros malouin, c'est l'admiration de ses concitoyens. Son nom devint populaire, tout le monde s'empressait pour le voir et le saluait de ses acclamations. Un jour, une dame d'un haut rang ayant percé la foule pour le voir passer, Duguay-Trouin en parut surpris. « Monsieur, lui dit-elle, ne soyez pas étonné, je suis bien aise de voir un héros en vie. »

J'étais à Versailles quand le roi m'honora de la Cornette, et j'y étais encore quand il fut frappé de cette maladie mortelle qui nous l'a enlevé.

Je ressentis une vive douleur de sa mort, et aussitôt qu'il eut rendu le dernier soupir, je partis en poste pour un coin de ma province. J'y resterai jusqu'au jour où, pour le bien de l'Etat, on fera de nouveau appel à mon zèle et à mon dévouement.

Les maximes de Duguay-Trouin

Sous ce nom nous donnons ici les réflexions pratiques que Duguay-Trouin a ajoutées à ses mémoires. Ces réflexions si justes et si vraies ne peuvent qu'accroître les sentiments d'estime et d'admiration que tout lecteur éprouve en lisant la vie de l'héroïque marin.

En terminant ces mémoires, j'ai cru devoir ajouter ici certaines maximes qui n'ont pas peu contribué au succès de mes différents combats et de mes expéditions; afin que les bons sujets du roi et de l'Etat qui les liront puissent en tirer quelques lumières et quelques avantages pour son service.

Je commencerai d'abord par assurer que mon désintéressement a beaucoup servi à me gagner les cœurs des officiers et des soldats. Il est vrai que bien loin de m'attacher, à l'exemple de plusieurs autres, à piller les prises que je faisais et à m'enrichir de ce qui ne m'était pas dû, j'ai souvent employé ce qui m'appartenait légitimement à gratifier, au sortir d'une action, les officiers, soldats ou matelots quand ils s'y étaient distingués, ne leur promettant jamais récompense ou punition que cela n'ait été suivi d'un prompt effet.

J'ai toujours été fort attentif à faire observer une exacte discipline, ne souffrant jamais qu'on se relâchât sur ses devoirs ou sur la régularité du service, et que l'on éludât, sous quelque prétexte que ce fût, les ordres que j'avais une fois donnés.

D'ailleurs, par l'arrangement, le bon ordre et la disposition que j'établissais avant le combat, j'ai toujours mis mes équipages dans le cas d'être braves par nécessité, et dans une espèce d'impossibilité d'abandonner leurs postes, prévoyant en même temps tous les accidents qui pouvaient arriver dans une action, et mettant toujours les choses au pis afin de n'en être pas troublé, et de prendre des mesures d'avancer pour y apporter remède autant qu'il était possible.

Je joignis encore à ces précautions une grande attention à conserver mes équipages et à ne les jamais exposer mal à propos; aussi en étaient-ils si bien persuadés qu'ils ne manquaient presque jamais d'exécuter avec activité soit à la mer, soit à terre, les ordres et les mouvements que je leur avais marqués.

Etait-il question de joindre ou d'éviter avec plus de vitesse les vaisseaux ennemis? je ne craignais pas de faire mettre tous mes gens à fond de cale, parce que j'étais assuré qu'à mon premier signal ils se mettraient à leurs postes sans y manquer; souvent même je les ai fait coucher tout d'un coup, le ventre sur le pont, dans la pensée de les épargner, et j'ai toujours remarqué qu'ils combattaient après cela avec plus d'ardeur et de confiance.

Quoique ces différentes maximes soient d'elles-mêmes assez estimables, j'avouerai à ma honte que je les ai quelquefois un peu ternies par une vivacité trop outrée dans les occasions où j'ai cru qu'on n'avait pas bien rempli son devoir. Ce premier mouvement m'a souvent emporté à des procédés trop vifs et des termes peu convenables à la dignité d'un commandant, qui doit se posséder et n'employer jamais son autorité qu'avec modération et de sang-froid; mais, comme ce défaut est dans le sang, tous mes efforts, joints à une longue expérience, n'ont pu que le modérer et non le détruire entièrement.

On a dit avec raison : L'empire de ce monde appartient aux hommes calmes, c'est-à-dire aux hommes prudents qui savent se posséder et maîtriser leurs premières impressions. Cette qualité est surtout utile à ceux qui exercent de l'autorité sur leurs semblables; il est si facile de blesser les cœurs et de les irriter : quelques mots inconsidérés et prononcés dans la colère, c'est assez. Qui n'a remarqué cent fois que certaines personnes ont le *talent* de toujours se donner tort par la manière maladroite dont elles ont raison. Rappelons-nous aussi qu'on regrette souvent d'avoir parlé et jamais de s'être tu.

« La parole est d'argent, mais le silence est d'or! »

Ceux qui liront ces mémoires et qui réfléchiront sur la multitude de combats, d'abordages et de dangers de toute espèce que j'ai essuyés, me regarderont peut-être comme un homme en qui la nature souffre moins à l'approche du péril que dans la plupart des autres. Je conviens que mon inclination est portée à la guerre, que le bruit des fifres, des tambours, celui du canon et du fusil, enfin tout ce qui en retrace l'image, m'inspire une joie martiale; mais je suis obligé d'avouer en même temps que, dans beaucoup d'occasions, la vue d'un danger pressant m'a souvent causé des révolutions étranges, quelquefois même des tremblements involontaires dans toutes les parties de mon corps. Cependant, le dépit et l'honneur surmontant ces indignes mouvements, m'ont bientôt fait recouvrer une nouvelle force, et c'est alors que voulant me punir moi-même de m'être laissé surprendre par une frayeur si honteuse, j'ai bravé avec plus de témérité les plus grands dangers.

C'est après ce combat de l'honneur et de la nature que mes actions les plus vives ont été poussées au-delà de mes espérances. Je n'en parle ici que dans le désir de porter ceux auxquels pareil accident peut arriver, à faire de généreux efforts sur eux-mêmes et à les redoubler à proportion de leurs faiblesses.

***

Ici s'arrêtent les mémoires intéressants de Duguay-Trouin, nous allons les compléter par quelques détails indispensables.

Après la mort de Louis XIV, le régent Philippe d'Orléans, qui s'intéressait beaucoup à la Compagnie des Indes, crut ne pouvoir mieux en assurer le succès qu'en se réglant d'après les avis de Duguay-Trouin. Il lui accorda en conséquence, une place honorable dans le conseil de cette compagnie, et fit, d'après ses conseils, plusieurs réformes importantes dans la marine militaire. Louis XV le fit, en 1728, commandeur de l'Ordre de Saint-Louis et lieutenant général de ses armées navales. Il lui confia, en 1731, le commandement d'une escadre destinée à soutenir l'éclat de la nation française dans le Levant et dans la Méditerranée. Elle fit rentrer les corsaires de Tunis dans le devoir, raffermit la bonne intelligence entre notre nation et le dey de Tripoli, et régla les intérêts du commerce à Smyrne et dans d'autres villes.

Après tant de triomphes, Duguay-Trouin vint terminer sa carrière à Paris, où il mourut le 27 septembre 1736, à l'âge de 63 ans. Lui qui avait bravé tant de fois la mort pour le service de son roi et de son pays, la vit approcher sans crainte, il la reçut en chrétien, avec fermeté et courage.

Duguay-Trouin, à toutes les qualités de l'homme de mer joignit celles de l'homme privé : Il était adoré de ses officiers et de ses matelots; jamais homme arrivé, par son mérite et ses actions brillantes, à une si grande renommée ne montra si peu d'ostentation ; il vécut toujours avec ses amis comme s'ils étaient restés ses égaux. Son désintéressement était tel qu'après avoir pu posséder de grandes richesses, il ne laissa en mourant qu'une fortune médiocre. Ses parts de prise le plus souventlui servaient à encourager les équipages, ou à venir en aide à des officiers pauvres.

Ce célèbre marin, dit un ancien écrivain, avait une physionomie noble, une taille avantageuse, beaucoup d'adresse pour tous les exercices du corps. Porté naturellement à la mélancolie, et s'occupant de grands projets, il ne montrait pas dans la société toute l'étendue de son génie. Souvent, après lui avoir parlé longtemps, on s'apercevait qu'il n'avait ni écouté, ni entendu. Son esprit était cependant vif et juste, il voyait bien et de loin. Lorsqu'il formait quelque projet, il semblait qu'il ne comptait en rien sa valeur, tant il le combinait avec sagesse, et lorsqu'il l'exécutait, on aurait dit qu'il avait oublié sa prudence, tant il agissait avec hardiesse et même avec témérité.

La statue de l'intrépide marin décore l'ancienne place d'armes de Saint-Malo, qui porte aujourd'hui le nom de place Duguay-Trouin ; on voit en outre à la mairie de la ville son portrait en pied, et au musée de Versailles sa statue de marbre noir de Carrare, exécutée par Dupasquier. L'illustre homme de mer est revêtu d'un riche costume militaire ; il est décoré de l'Ordre du Saint-Esprit et porte sur son baudrier les armoiries qui lui furent donnés par Louis XIV : deux fleurs de lis et une ancre. Il tient un pistolet dans la main droite, qui est baissée, et saisit de la main gauche la poignée de son épée. Il est coiffé d'un chapeau orné de plumes, et tourne la tête un peu en arrière, vers la gauche, comme pour inviter son équipage à le suivre. Sa devise était : *Dedit hæc insignia virtus*, c'est-à-dire : C'est à mon mérite que je dois ces honneurs.

FIN

LIMOGES. — IMP. MARC BARBOU ET Cie

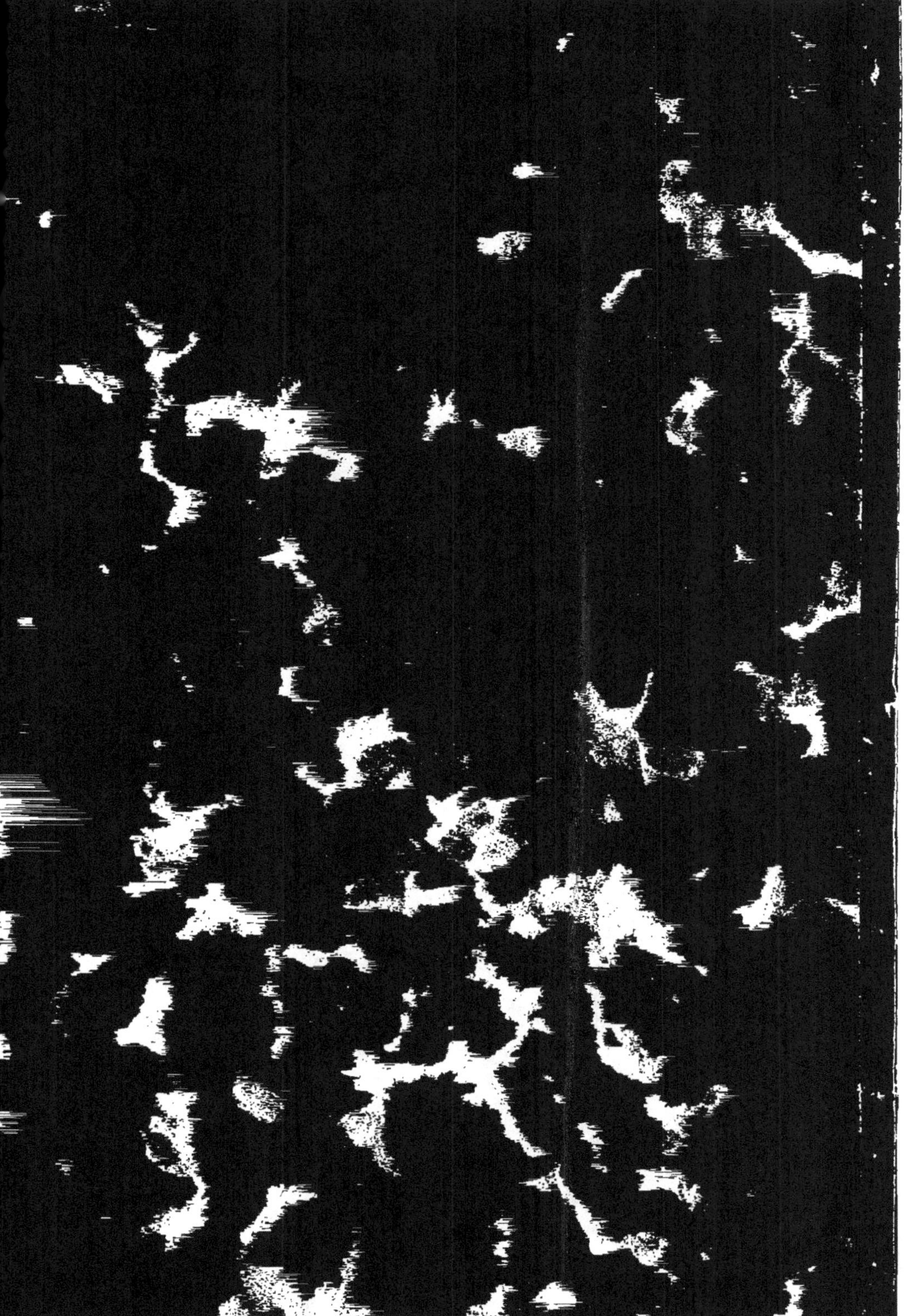

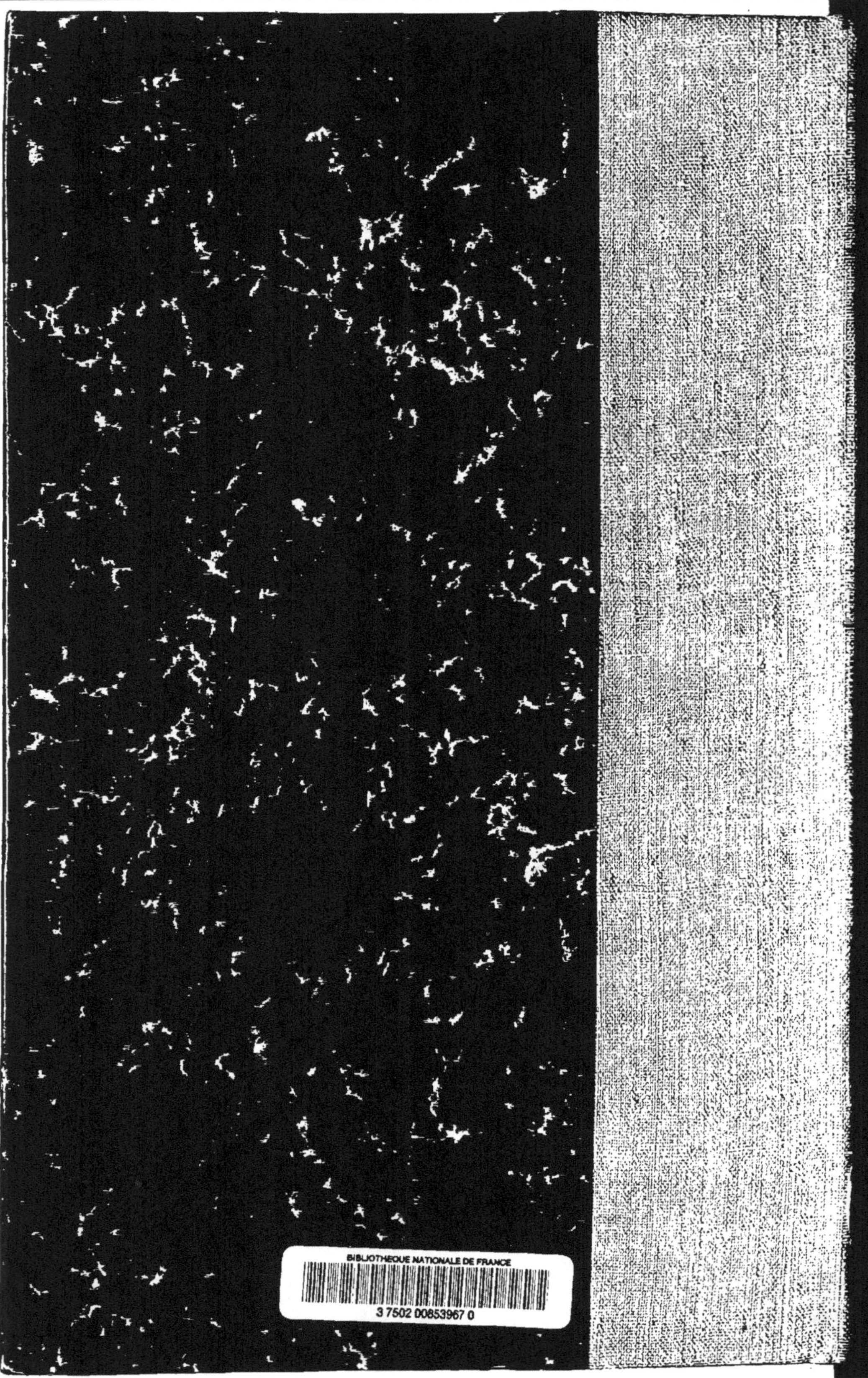

www.ingramcontent.com/pod-product-compliance
Lightning Source LLC
Chambersburg PA
CBHW071954090426
42740CB00011B/1941
* 9 7 8 2 0 1 3 7 5 1 2 5 4 *